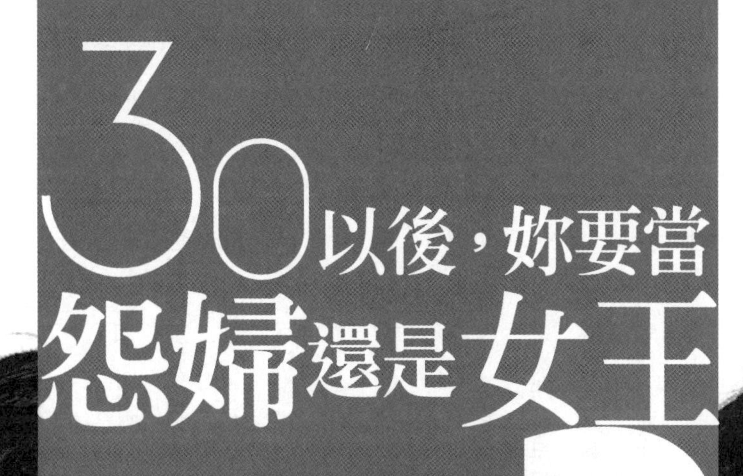

30以後，妳要當怨婦還是女王？

江靜姝 著

編輯序——一本讓女性活得自信又光采的進化書

《三十以後，做怨婦還是女王？》，這書名裡雖然有兩個選項，卻不是一道選擇題。

試問：有哪個女人會選擇做怨婦？別說選擇做怨婦，即使已經成為了怨婦，也斷然沒有人肯承認的。在古詩詞裡，閨中怨婦被賦予了憂愁哀婉的意境，令人聞之憐惜；在推崇女性獨立的現代社會裡，怨婦一詞的貶損程度不亞於醜女，讓人爭相走避。

而女王一詞的待遇就完全不一樣了。那是現代女性的夢想，也是一些缺乏自知之明的女人的幻想。它就像頂級名牌，人人都想擁有，可是大部分人買不起；用假貨充場面的，早晚會被拆穿，獲贈雙倍白眼。

怨婦、女王，只是做為兩個名詞，待遇就有如雲泥；若是真人出現，也必然是女王身邊粉絲無數，怨婦周遭人跡罕至。

所以說，沒有哪個人會選擇做怨婦，也沒有哪個女人會不想當女王。

可是在現實生活中，偏偏是怨婦滿街走，女王不常有。尤其是年過三十的女性，失去了青春的資本，又經歷了一些生活的傷痛後，很難不困惑、怨懟：怎麼生活是這樣的糟糕？怎麼這麼多的困難？怎麼我的問題這麼難解開？……在自憐自傷自怨自艾中，就不知不覺地有了怨婦的眼神、說出怨婦的語言、滿懷怨婦的心理，最終水到渠成地被冠名為怨婦，自己還渾然不覺。

好好的一個女人，只是因為不夠堅強、不懂反省、不知感恩，最後就成為了不知好歹、心胸狹隘的怨婦，從珍珠變成了魚眼，走到哪裡都自備一朵烏雲，渾身上下愁雲慘霧圍繞、一開口便淒風苦雨襲來……活到這般境地，怎一個可悲了得！

如果說，淪為怨婦就像不小心滑進了泥塘，那麼成為女王則必然要經歷荊棘密佈的旅程。

那麼女王呢？她們是怎樣練成的呢？

她們大方得體，不是因為天生高貴，而是在遇過難堪後學會了從容；她們事業有成，不是因為含著金湯匙出生，而是透過盡職敬業的努力；她們婚姻幸福，不是因為運氣好碰到了好男人，而是善解人意經營有方；她們走到哪裡都受歡迎，不是人們特別偏心，而是她們懂得付出與體諒……

她們也曾說錯話、做錯事，也曾被挫折絆倒、被厄運一拳擊中，也和怨婦一樣平等的站在痛苦與考驗面前……但她們選擇了努力、選擇了隱忍、選擇了反省、選擇了堅毅，慢慢地，她們的眼神變得明亮、說話恰到好處、做事令人信服，內心強大無比。最終，她們有資格坐在女王的寶座上，接受人生的加冕。

這就是怨婦和女王各自的道路。起初，她們都想走女王那條路，但在行進的過程中，怨婦迷失了方向；而女王，堅定地走了下去。

作者序——沒有不美麗的女王，只有沒自信的怨婦

幾年前在電台擔任談心節目策劃工作時，每期節目都會有很多女性朋友打電話進來，傾訴她們遇到的問題，基本上都與感情、婚姻有關。她們之中的大部分人講著講著就變成了控訴，繼而哽咽，之後便聲淚俱下了起來……一檔節目做完，我覺得整個直播錄音間烏雲密佈、淒風苦雨，可見哀怨、怨恨產生的氣場有多麼強大。

直到有一次，就在節目接進的最後一個熱線電話裡，卻傳來了不一樣的聲音。那是一位剛剛遭遇婚變的太太，帶著孩子不說，最慘的是，離婚使她不得不離開與丈夫一起創立的公司。她講，她也曾恐懼過，也曾哭鬧著不肯離婚，離婚後也怨憤了好些天。但她最終還是決定振作起來，為了孩子，為了尊嚴。她用贍養費開了一家早餐店，做得很辛苦，但是很踏實，而且內心越來越堅定了。她講：人生在世，不經歷風雨是不可能的。但在風雨過後，是零落成泥還是笑看彩虹，就看你自己的本事了。

我到今天都還記得那位太太的聲音——偶爾哽咽，始終堅定。那份堅定裡有著高貴的尊嚴。她讓我知道了什麼叫人生的女王。

我知道，沒有哪個女人願意做怨婦。可是我發現，在三十歲之後，很多的女人變成了怨婦。誠然，三十歲是女人人生的一道分水嶺：之前，如花似玉，風華

正茂；之後，容貌逐漸枯萎，心情不再振奮。所謂「女人三十豆腐渣」，由此自然也會產生一些情感、生活問題。

可是，在這個關口，妳是肆意地放任自己，嘮叨抱怨，不肯動腦費力，慢慢淪為黃臉婆，從此走上怨婦之路；還是審時度勢，即時調整自己，重塑自我，把自己打造成氣場女王，走上獨立自信的女王之路呢？

有句話說「沒有醜女人，只有懶女人」，同樣，沒有不美麗的女王，只有沒自信的怨婦。一個五官平平的女人，照樣可以光彩照人，只要她具備女王氣質；而即使是天生麗質的美女，如果滿腹怨氣，也會顯得庸俗不堪、毫無神采。

所以我才寫下這本書，主要是針對三十歲以上的女性，在人生分岔路口時面臨的選擇難題，從容顏、愛情、婚姻、家庭、工作、錢財、友情、心態等等方面入手，以很多身邊人的故事為例，也列舉了一些知名女性的真實經歷，告訴女性朋友們：同樣年過三十青春不再，有的女人會黯然失色，有的女人卻能風情萬種；同樣遭遇職場挫敗，有的女人惶惶不可終日，有的女人卻能披荊斬棘，不斷開闢新天地；同樣婚姻觸礁情路受阻，有的女人一蹶不振淪為怨婦，有的女人則享受一個人的精彩，隨時準備從頭再來……

無論妳是職場女性還是全職太太，單身女子還是已婚女性，希望在閱讀過本書後，都能獲得一些幫助和啟迪。

目錄

第一章

Chapter 1

只有沒自信的怨婦，沒有不美麗的女王

三十以後，哪種女人註定做怨婦？

怨婦一詞由來已久，本意是指年長而不能婚嫁的女子。《孟子》裡就有「內無怨女，外無曠夫」的說法，可見從古至今，怨婦就是個令人糾結的問題。到了今天，怨婦的含義不僅僅是指「剩女」，還發生了很多變化，一般是指那些被男人冷落，心生抱怨，感覺生活處處不如意的女人。

三十歲之前，是女人的黃金時期，青春亮麗，風華正茂，即便出嫁，也會受到細心呵護，百般恩寵，享受著女王般的待遇，根本就沒有成爲怨婦的機會。

可是三十歲以後，隨著青春不再，容貌漸漸衰敗，女人就開始走下坡了，一道人生的分水嶺開始橫亙在面前。有的女人從此走上怨婦的道路；有的女人則審時度勢，改變自己，重塑人生，把自己打造成人見人敬的「女王」。

誰也不願做怨婦。可是，三十歲之後，太多的女人成了怨婦。縱觀我們身邊，怨婦比比皆是。那麼，有些女人爲什麼會成爲怨婦呢？

一、浪漫幻想，多愁善感。

這種女人總把婚姻和愛情混爲一談，渴望時時刻刻的浪漫，不願面對生活的柴米油鹽。她們對生活的期望過高，一旦有落差，就會產生失望的感覺。這樣的女人，好像天生就離不開男人，時刻需要男人的呵護與關懷。一旦男人有半點疏忽，立刻覺得男人不愛自己了，彷彿受了天大的委屈。

偏偏她們又羞於表達，常常把心思藏起來，讓別人去猜，把自己當成林黛玉，自怨自艾，自我折磨，於是就陷入了悲悲戚戚、顧影自憐的境地。除了她自己，沒有人知道她的幽怨從哪裡來。這樣的女人，只會讓男人身心疲憊。

二、亂吃飛醋，缺乏自信。

女人喜歡吃醋，這說明她在乎自己的男人。愛情是自私的，希望男人專一，並沒有錯。可是有些女人吃起醋來，就不是這麼回事了。她們看見自己的男人跟女同事多說幾句話、和女同學保持聯繫，甚至手機裡有女生發來的簡訊，就開始懷疑他變了心，在外面有了女人。這種女人亂吃飛醋，天天活在猜疑中。其實，夫妻之間信任是不可少的，如果每天都要來證明彼此的愛，反而會讓人厭倦。而且，沒有人喜歡被人管制、被限制自由。女人生性敏感，但是過分的懷疑就是缺乏自信。時時處處不夠有自信，容易把事態往悲觀的方向想。一個連自己都不相信的女人，又如何指望別人信任她呢？

三、過於挑剔，嘮叨成性。

男人與女人不一樣，比如男人天生不如女人心細，也不善於打理家務，這時，如果女人過於挑剔，總是抱怨男人昨天沒洗腳、今天沒有按時回家、忘了付帳單，甚至還干涉他的交友自由，那麼男人就會非常厭煩。在這種挑剔中，女人不但活得很累，而且也會變得越來越嘮叨，臉上寫滿了怨氣和憂鬱，成爲名副其實的怨婦。

如果妳的言行符合以上論述中的一項甚至幾項，那麼，妳就已經具有怨婦的潛在特質了。沒有幾個女人肯承認自己具有怨婦潛在特質，她們認爲自己做的一切都是對的，值得同情和肯定。殊不知，這種心理是怨婦的最根本特質——不能認清自己的過錯，把所有的不幸都怪罪於他人。她們永遠在抱怨別人，抱怨這個世界。

不可否認，很多怨婦確實爲感情付出許多，然而，男人之所以會不領情、厭煩，就是因爲她們的「怨婦行徑」太讓人反感。沒有哪個男人願意與怨婦打交道，如果娶了一個怨婦，更會覺得自己要一輩子倒楣了。如果妳不想成爲男人心中的「瘟神」，就從現在開始，觀察一下自己的言行舉止，是否暴露出了怨婦潛質。

女人依賴性強，但是過度的依賴就是不夠獨立，遇到問題總希望他人幫助。這樣的女人，當受到男人的冷落或者傷害時，當遭遇生活的不如意或者打擊時，因為先天抵抗力差，不能夠堅強面對，就會很輕易滑落到怨婦的行列。

女王是如何練成的？

有句話說「沒有醜女人，只有懶女人」，同樣，沒有不美麗的女王，只有沒自信的怨婦。誰也不願做怨婦，誰都想成爲人見人愛、人見人敬的高貴女王，活得漂亮，活得精彩。然而，女王不是天生的，是透過後天努力慢慢塑造出來的一種氣質，一種精神，一種生活方式。

三十歲之後，女人的容顏慢慢變老，日常生活被柴米油鹽醬醋茶包圍，愛情趨於平淡，甚至惡化，還要爲了生活辛苦奔波，這時的女人，似乎再也無法與「女王」二字扯上關係。其實，只要有一顆追求向上的心，無論多大年紀，都有可能變身爲高貴的女王。

身爲女人，首要的問題就是肯定自己的美好，擺脫自卑心理的操控。

看看身邊的怨婦，多數都會抱怨自身的缺點，將它們無限放大，卻看不到自己的優點。那些拼命減肥、整容，爲了瘦身、美貌不惜一切的女人，就是最好的例證。她們沒有積極向上的心態，少有陽光般快樂的感覺，這樣的女人很難生活得快樂。而自信的女人，認爲身爲女人是世界上最美好的事，理應盡情展示自己的美好，快樂而幸福的生活。這種女人從內心深處認可自己，從而獲得他人和世界的認可，這是她們擁有女王般生活的基礎。

其次，身爲女人，需要的是愛，而不是討厭。

有些女人總是用憤怒的眼神看待周圍的人和事，用抱怨的語言向他人發出不滿。她們就像刺

蜎，尖刻，敵意，充滿了提防心理，總是擔心自己會吃虧。這種貌似強大的姿態，暗示著她們內心的脆弱，在尖厲和強勢的外表下，隱藏著一顆害怕受傷的心。她們的所作所爲無非是爲了保護自己，這本沒有錯，只是，她們選錯了方式。想一想林黛玉，在大觀園裡的表現正是如此，結果怎麼樣？當她把尖刻當成一種習慣時，也漸漸變成一個遭人討厭的女人。她們很悲哀，很無奈，同樣也很不幸。

要想擁有女王般的生活，就應該以愛心去對待他人。沒有人是十全十美的，可是，只要有愛心，就可以容納更多的不同，迎接來的是支持與肯定。所以，學會心胸開闊，互相包容，這樣就不會成爲讓人厭煩的怨婦。

身爲女人，還要勇敢地面對現實，不要依靠眼淚去換取同情。有些女人性格比較軟弱，在困難面前喜歡流著淚向別人求助，常常擔心這害怕那，假想出很多潛在的危險，遇到挫折就束手無策……與她們不同，勇敢的女人明白幸福是追求來的，挫折是無法避免的。從現在開始，就不要再害怕，相信自己一定可以獨立解決問題，一定能夠克服各種困難，主動接受生活的磨練，那麼，妳離女王的日子也就不再遙遠。

身爲女人，還要懂得扮演好不同的角色，學會處理人情世故，排解工作上的各種困惑，做好自己金錢的主人。怨婦們的幽怨在於無法經營好自己的人生，女王的生活之所以健康、快樂、向上、幸福，是因爲她們懂得生活之道。她們不僅自己活得精彩，也讓周圍的人活得幸福；不僅自己活得獨立，也讓愛她的人活得輕鬆；不僅自己活得堅強，也讓他人活得開心。

這就是女王的成功要訣，自信、堅強、勇敢、富有愛心。具備這些品格，說起來容易做起來難，目前的妳，也許還有各種困惑或者缺點，不過沒關係，從現在起修練自我，從良好的心態開始，深呼吸，邁出完美蛻變之旅的第一步。

羅曼・羅蘭說：「先相信自己，然後別人才會相信妳。」沒有人是十全十美的。學會放開心胸，互相包容，就能夠容納更多的不同，迎接來的是支持與肯定，向著女王之路邁開腳步。

三十歲以後的美麗靠什麼？

女王必須美麗，這是人們的共識，也是女王頭頂上不可缺少的桂冠。女人之所以想做女王，也是由於人們心目中的女王，都有著光彩奪目的容顏和高貴典雅的氣質。美麗，確實值得追求，不僅男人喜歡，女人也很愛看。

可是，人無完人，三十歲之後的女人，一不留神，就會隨著年齡的增長，跨入人老珠黃的行列，何來「美麗」之說？事實上，這是怨婦的心結所在，她們只會用外貌評定美麗與否。一個女人，即使五官再精緻，皮膚再白皙，年齡再青春，如果沒有氣質，也會給人欠缺之感。眞正有智慧的女人，外貌不見得漂亮，年紀不見得青春，但是卻有一種無形的魅力，所以有「女人是後天做成的」這一說法。

既然如此，女人大可不必在意年齡的大小，不要以爲過了三十歲，就可以隨心所欲地穿著打扮，加入「蓬頭垢面、面色無光」的怨婦群中，遠離美麗，得過且過。實際上，美麗是終其一生的事業，是可以與日俱增的。一個女人一旦擁有了不凡的氣質，就會終生受益，魅力無窮。

張愛玲是上世紀二〇年代中國著名的才女。從外貌看，她算不上美女，但她高貴脫俗的氣質、驚世駭俗的裝扮，令上海服裝界爲之傾倒。難怪當時有人說，二十世紀的上海因爲張愛玲而更加華美。

可見，女人的美麗不是天生的，而是一種氣質的表現，是修練的結果。氣質是現代女性在追求形象方面的一種境界。一個五官平平的女人，反而給人一種光彩照人、動人心魄的美感，這就是氣質的作用。當妳擁有了女王般的氣質時，它不僅僅是個人的東西，還會影響環境，改變人生，讓妳變得不同凡響。

一位女記者隨著馬幫穿越叢林時，遇到了劫匪。劫匪揮著刀槍，搶劫了馬幫所有的財物，並準備殺死所有的人。這時，劫匪的頭目看到了那位女記者，不由眼前一亮，這個女人身上散發出來一種大義凜然、不可侵犯的氣質，令人肅然起敬。劫匪頭目被鎮住了，他思索了半天，對手下人說：「我從沒見過這樣的女人，她一定是神。我們不能殺神，殺了神會遭到報應的。」於是，他命人放了所有的人。

這就是女王氣質的震懾作用。擁有什麼樣的氣質，就擁有什麼樣的生活。對於每個女人來說，每一次形象的提升，都會給她帶來幸福與自信，從而更加美麗動人。眞正的女王從來都是引領潮流，她們不僅敢於突破自我，還敢於向世界挑戰。美麗，是她們的一項工作，持之以恆，從不放棄，哪怕到了八十歲，依然魅力四射。

色彩大師西曼女士曾經說：「女人追求美麗，首先要突破觀念上的障礙。」如果總是以原來的習慣和標準去衡量的話，就無法改變著裝習慣，就很難重塑自己的形象。

在我們身邊，隨處可見邋邋遢遢、不修邊幅的中年婦女，還理直氣壯地說：「我這個年紀，還打扮什麼？」這話反應出她們心態的消極和生活的黯淡，這種女人怎麼可能塑造出女王形象？

也有些女人不是不想改變，而是擔心周圍人的反應，怕遭受嘲諷。她們只好混跡於大眾之中，失去了很多讓自己美麗、讓自己成爲女王的機會。

還有些女人不容易做到堅持不懈。美麗的瞬間時常出現，但如果想在不同年齡層都保持美麗，就必須有堅持到底的信念，持之以恆，才能長期保持魅力。

色彩大師西曼說：「自己是最瞭解自己的。」意思是，女人應該根據自身條件去選擇衣飾、裝扮，以動聽的聲音，優雅的舉止，為自己增添光彩。尤其是三十歲之後的女人，要突破觀念上的障礙，把追求美麗做為一項工作，持之以恆，絕不放棄。

一定要愛自己一百分

女人，一定要愛自己，然後別人才會愛妳。太多怨婦弄不明白，爲什麼我付出這麼多，卻得不到回報？原因就在於她們不懂得愛自己，失去了自我，也就失去了整個世界。

沒有人知道唐婆婆叫什麼名字，因爲夫家姓唐，所以大家都叫她唐婆婆。

唐婆婆年輕時丈夫就離家經商去了，那個年代交通和通訊都不發達，這一去，就是一輩子。有人說他男人發財了，還在外面又娶老婆了，還有人說在路上病死了，不管別人怎麼說，唐婆婆始終沒離開唐家，她堅信自己的男人總有一天會回來。

日子一天天過去，唐婆婆日夜補納鞋底，做了一雙又一雙給丈夫穿的鞋，等丈夫回來。一個個漫長的夜裡，只有寂寞在指間流淌，燭影扶搖，結婚時的紅綃帳褪了顏色，那床繡著鴛鴦的錦被，每天晚上，都會在唐婆婆的懷裡捂暖了再收起來。

紅顏老去，青絲漸成白髮。天氣晴朗時，人們常看到唐婆婆搬出一捆捆做好的鞋出來晒，擺放好之後，唐婆婆就搬個凳子坐在那裡，用慈愛的眼光看著那一排親手做的鞋。

唐婆婆在一個寒冷的冬夜去世，就那麼無聲無息的睡了過去，蓋著從來不捨得蓋的鴛鴦錦被，臉上帶著笑容。親屬在整理她的遺物時，發現滿滿一櫃子她做的鞋，針腳細密，每一針，都是用心刻畫的相思。

唐婆婆等待一生，只是因爲她的丈夫在離家時，跟她說了一句話：等我！

佛家有云：「自己照亮自己，不要指望他人。」像唐婆婆這樣，把一生的幸福寄望於男人的女人，到頭來只能是一場空，這是女人對自己的不負責。

從心理學上講，人有自我治療的能力。只要不被消極的思想束縛住，就會迎接健康、幸福以及平和的心態。

主動地愛自己，喜歡自己，就是打破消極思想的靈丹妙藥。

有一個有趣的實驗就說明了這一點：女人從鏡子裡看到自己的膚色時，有人會忍不住產生某種幸福感，有人卻痛苦不堪。前者面對黝黑的膚色會認爲：「我的皮膚像小麥色，眞是健康美麗。」後者卻不住地抱怨：「怎麼搞的，皮膚這麼黑！」甚至會一氣之下，把鏡子摔破。兩種不同的反應揭示出女人接受自我的程度，前者認可自己，喜歡自己，對自己投入百分之百的愛；而後者缺乏自信，不願接受自我，心懷怨憤。

一個不愛自己的女人，無論如何也不會幸福和快樂，她們的所作所爲，折射出內心深深的自卑感。她們所做的一切，貌似爲了他人，實則是一種對彼此的傷害。

高貴美麗如英國戴安娜王妃，在嫁給查爾斯王子的初期，爲了取悅王子、維持苗條的身材，不敢吃太多食物。有時候吃下去也要嘔吐出來，最後變成嚴重的嘔吐症。查爾斯王子不但沒有感動，反而厭惡地說：「我的蜜月充滿了嘔吐的氣息。」最終兩個人的婚姻走到了盡頭。

擁有魔鬼身材、天使面孔的戴安娜王妃，沒有擺脫棄婦的命運。

所幸的是，與王子關係惡化後，戴安娜沒有陷入自卑自憐中不能自拔。她開始重新認識自己，塑造自己，積極投入慈善事業，關注愛滋病人，爲人道主義盡力，其影響力遠遠超過了查爾斯王子，成爲王室最受歡迎的人，是英國乃至全世界最受矚目的王妃。

從被拋棄到主宰自己的命運，戴安娜的人生歷程，不啻爲一部女性勵志書。從這部書中，女人應該學到很多，但最根本的一點就是：愛自己，要爲了自己而活。

當然，愛自己，並不等於自私。自私是極度缺乏自信的表現。自私的人不僅不會眞心愛自己，也不會去關心別人，哪怕是自己的愛人。愛自己，就是主宰自己的命運，把握自我，不依附於任何人。如果缺乏獨立精神，不敢做自己的主人，命運只能任人擺佈。

有些女人一旦失去愛，就形神憔悴，不辨自我。這說明她在感情上不能獨立，缺乏信心。眞正懂愛的女人即使遭遇感情危機，甚至失去愛，也依然能夠美好，能夠自我化解痛苦，這才是自信的女人。

愛需要自我陶醉的陪襯。多一點關注自己，不妨透過修飾外表來取悅自己，透過調整心情來安慰自己，透過增長知識來提升自己。可以數數錢包裡的銀子，確定自己經濟的獨立。可以痛快地玩上一週，到美甲店修修指甲，找個美髮店做做頭髮。可以去繁華的商店街閒逛，在琳瑯滿目的市集攤前討價還價，流連忘返。可以去健身房出出汗，看自己能在跑步機上跑多久。不願健身也沒關係，去咖啡館、酒吧消磨一段時光也是不錯的選擇……

這些做法可以讓妳開心，找回內心的力量，相信自己在以後的日子裡，能做得更好，活得更幸福。

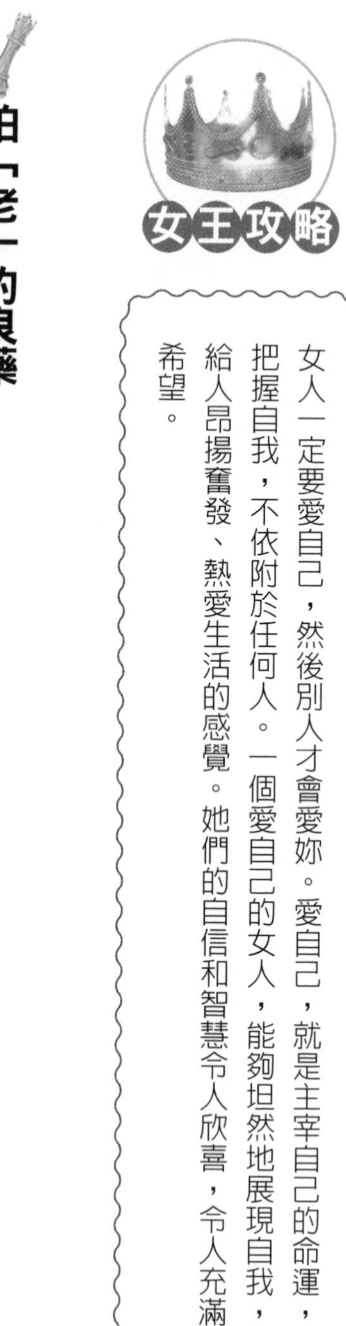

女人一定要愛自己，然後別人才會愛妳。愛自己，就是主宰自己的命運，把握自我，不依附於任何人。一個愛自己的女人，能夠坦然地展現自我，給人昂揚奮發、熱愛生活的感覺。她們的自信和智慧令人欣喜，令人充滿希望。

怕「老」的良藥

女人最怕什麼？答案只有一個字：「老」，再也沒有什麼比「老」更讓女人恐懼的了，三十歲的女人，已經開始憂心忡忡，常常攬鏡細照，找找眼角是否出現皺紋；四十歲的女人，每天醒來第一件事，就是對著鏡子端詳，眼袋是否又腫了點，膚色是否又黃了些；更別說五十歲的女人了，面對著鬢邊的白髮、眼角的魚尾紋，心中那份悽惶，怎一個「悲」字了得！

女人，之所以爲年齡傷神，是因爲她們認爲，隨著年齡的增長，魅力會大打折扣。

確實，從「妝成每被秋娘妒」到「暮去朝來顏色故」，這樣巨大的反差，怎能不讓人倍感淒涼？女人怕老就是怕失去魅力，怕遭到男人和社會的遺棄。幾乎每個女人在三十歲之前和之後，都經歷過一種強烈的對比：走在大街上，男人的回頭率逐年降低；在公司裡，爭相爲其效力的人數一天比一天減少；在社交場合中，追著她留電話號碼的男人不見了；在家裡，老公不再對她稱呼「親愛的」、「寶貝」……

事實面前，女人做爲「恐老」一族，似乎値得同情，她們爲了防止衰老做出的各種努力，也該肯定。但是，她們忘記了，年齡的衰老不可怕，可怕的是恐懼衰老的心態。我們說過，美麗與年齡無關，魅力也與年齡無關。一位自信、自愛、寬容、樂觀的女人即使到了五十歲、六十歲，也會依然給人美麗的感覺。

歲月無情，任何人都阻止不了時間的流逝，女人與其苦苦擔憂容顏衰老、青春不再，倒不如放下包袱，愉悅地接受時間的洗禮，接受容顏的變化，迎接新的美麗和機遇。卡內基在《心靈的成熟》一書中說過一句名言：「心靈成熟的人不會衰老，即使他已白髮斑斑，仍然才華橫溢，風度翩翩，聰明睿智，善於創造。」可見，成熟比保持年輕更有魅力。

明白了這個道理，女人就該跳出怕老的狀態，恢復健康自然的生活。在即將跨出「二字頭」的門檻時，消除對年齡增長的恐慌，克服停滯感。一味地怕老沒有任何意義，過度的折騰只會讓女人從容顏到心靈加速衰老。女人，必須學會往前看，將精力集中於現實和未來。每個人都是在變化中成長，如果拒絕變化，就是拒絕明天，拒絕進步。只有相信明天，不斷爲自己制訂人生的新目標，永遠懷有希望，心靈才會永保青春，才會成爲眞正的女王。

被稱爲臺灣第一名模的林志玲，人人都認爲，她是憑藉美麗的外表才走紅、才能在男人的世界中所向披靡的。可是林志玲自己不這麼想，她說：「不要以爲有些事一定是某個年齡層的人才能做的，也不要給自己套上框框，女人是越成熟越有魅力的。其實當年我也是個缺乏自信的女孩，不相信自己會成功，覺得自己沒有別人漂亮，也沒有別人有個性。」

由於不夠自信，美麗動人的她三十歲時才走紅，剛出道時還遭人質疑年齡。慶幸的是，林志玲沒有跌落「怕老」的狀態，她勇敢地面對現實，克服了年齡的障礙，演繹著成熟女性該有的魅力，所以她成功了。她說：「我覺得自信的女人都很有魅力，她們容易散發出吸引人的氣質，就算是我，也經常被有自信的女人吸引，希望能夠像她們那樣。」

女人不要怕老，不要成爲年齡的奴隸，要像林志玲一樣，面帶微笑展現自身的風采，讓人感覺到她的魅力，那樣就都不會給人衰老的印象。不怕老的女人，即使到了五十歲，也會有二十歲的青春活力、三十歲的優雅可人、四十歲的雍容端莊，多的只是五十歲的圓潤淡泊。

青春固然美好，但只是走向成年的準備。不要永遠活在年輕的夢幻中，不敢以成人的姿態面對豐富多彩的世界。這是逃避的表現，是幼稚的行爲，是怨婦情結的根源之一。

成熟比保持年輕更有魅力。女人若不想成為怨婦，就要跳出怕老的狀態，恢復健康自然的生活，將精力集中於現實和未來。只有這樣，才會慢慢克服對年齡增長的恐懼，變得自信、成熟、充滿魅力。

「美病」種種

愛美是人的天性，更是女人與生俱來的奮鬥目標。追求美麗，是一種積極的人生姿態，是通往女王路上的必修課。但是，如果過分地愛美，就容易患得「美病」，結果不但與「美」無緣，還容易進入怨婦的行列。

詹心妮做過兩次整容手術，但她對自己的容貌依舊不滿意，而且越來越沒自信。每次照鏡子，都覺得有不足的地方。於是，她一次次走進醫院，隆胸、拉皮、肉毒桿菌注射……然而，事與願違，每次手術之後，她都覺得還有更多的地方需要整容。她似乎陷入整容的夢魘中，把自己當作了美容實驗品。

整容成癮，就是一種典型的「美病」。詹心妮的行爲，不但顯示出她有嚴重的心理疾病，而且經常、反覆地整容，也會影響到她本人的身體健康。人體的各個部位只要健康就好，一旦失去了健康，再漂亮也沒有任何用處。

整容是現代女性一種極端的愛美手段，由整容引發的病例也層出不窮。現代醫學研究發現，喜歡並且癡迷整容的女人，確實患有一種心理疾病，就是「醜陋恐懼症」。這些女人由於缺乏自我認同和識別能力，會想像出一個外表缺陷，或者將某一微小的缺陷過分誇大。

然而，外形的美麗是否能換來內心的充實？美國一位著名的美容醫生提出了一個相當有趣的看法：「美與醜，並不在於一個人的本來面貌如何，完全取決於她如何看待自己。」他多年從事面部整容手術，曾經創造了許多奇蹟，把許多相貌醜陋的女人變成漂亮女人。但他發現，不少接受過手術的人，儘管整形效果很完美，可是依然找他抱怨：「我的鼻子還不夠漂亮」、「手術根本沒什麼效果」、「我的眼睛怎麼更難看了？」

爲了美而整形，卻得不到自己想要的效果，在這種病態心理的影響下，哪怕整出維納斯的容貌，也不會擁有女王的氣質。

還有一種女人易患的「美病」是減肥。再窈窕的女人，也會對自己的身材不滿，不是感覺這裡胖了，就是認爲那裡瘦了。擁有魔鬼身材，是所有女人的夢想。瘦身當然是好事，可是如果方法不得當，不但瘦不了身，還會引來疾病。比如節食減肥，由於營養攝取不足，會引起胃病、厭食症、營養不良、骨質疏鬆等。

女人容易患得的「美病」還有很多，美容病、戒指病、高跟鞋病等等，都是與美有關的疾病。

娜娜這幾天一直為紅腫的無名指煩惱。她是一名會計，可是紅腫的無名指讓她坐立難安，根本無心核算帳目，無法自如地查找各種財務資訊。到底是什麼惹的禍呢？令人意想不到的是，元凶竟是一枚小小的戒指。原來，結婚後，娜娜一直戴著老公送的鑽戒。為了防止脫落，她特意把接頭處卡得很緊，牢牢地箍在無名指上。就這樣戴了半年多。直到手指發麻、屈伸不靈時，她才有所警覺，可是為時已晚。

在穿戴方面，還有引起「美病」的一大罪魁禍首——高跟鞋。現代女性酷愛高跟鞋，因為它不僅可以增加身高，還能顯示出女性婀娜多姿的曲線美。不過，高跟鞋在增添美麗的同時，也會帶來各種弊病：下肢疲勞、慢性腿痛、腰痛、趾骨痛、腳部扭傷等。

既然是「病」，就會帶來痛苦和不便。對於「美病」，女人應該積極改正不當的做法，學習正確的穿戴方法，比如，放棄過高的高跟鞋、夜間取下戒指等飾品，都會有效預防「美病」，贏回健康和真正的美麗。

在各種「美病」之中，有一種最普及、最常見、也最容易傷害到女人的，就是化妝品引發的疾

病。比如皮膚炎、毛髮損害、痤瘡等。化妝品是女性必備品，化妝水、保濕霜、唇膏、眼影，這些東西在每個女人的包裡幾乎都會有。化妝品確實必不可少，能清潔、保養、修飾肌膚，讓女人變得美麗。可是，化妝品中含有化學成分，若使用不當，則會引發疾病，造成傷害。

所以，愛美，但要恰當。因爲愛美而導致疾病，是傻瓜的行爲。

過分地愛美，容易患得「美病」，結果不但與美無緣，還會對健康造成損害。女人只有健康才會美麗；一旦失去健康，在疾病和痛苦的折磨下，再漂亮的五官、再苗條的身材也會黯然失色，全無用處。「美病」會讓女人變成怨婦，只有健康的女人才能煥發出女王的風采。

面子重要，裡子更重要

法國女演員柯爾貝爾告誡女人們：「裡子重於面子。」「裡子」，指的是身心的健康，精神的充實。生活中，太多女人爲了虛榮，患得各種各樣的「美病」，就是沒有意識到「裡子」的重要性。對於女人來說，面子當然重要，但是，裡子更重要。

有一個問題是：人生在世最珍貴的是什麼？有人回答「幸福」，有人回答「誠信」，有人回答「智慧」，有人回答「正直」……這些答案各有道理，但她們忽略了一點：如果沒有健康，這一切都將變成浮雲。妳有一百萬財富，後面那些「0」分別代表金錢、美麗、名譽、快樂、家庭、職業等，而前面那個「1」則代表了健康，只有有了「1」，後面那些「0」才有意義。

即使腰纏萬貫，或高官厚祿，或貌如天仙，或多才多藝，如果體弱多病，一天到晚離不開藥物，這樣的人生豈不是黯淡無光？

令人詫異的是，女人常常忽視健康問題，除了「美病」外，她們還會犯一個錯誤——奉獻多於索取。她們不捨得吃，不捨得穿，爲了滿足家人的口味和要求，犧牲自我，變成黃臉婆，還落得一身病。這時，女人往往會哭訴、抱怨，認爲自己付出太多，老天對自己不公平。是老天不公還是自身問題？很明顯，在健康問題上，女人有時候的做法並不聰明。

健康是每個人生存的資本，任何東西都不能以健康做交換。如果妳連自己都不愛惜，哪還能指望別人來愛惜妳嗎？

讓自己燦爛點，不要整天灰頭土臉、不修邊幅，別浪費女性特有的風采和身材。儘管買漂亮的裙子和舒適的睡衣給自己，任何時候都記得關愛自己、善待自己。不要以爲，爲了家人犧牲自己的愛好、興趣乃至健康是崇高的行爲，很多時候，這只是自我虐待。

三十八歲的張巧薇既要照顧父母、孩子，還要朝九晚五地上下班。她很要強，不願落人之後，因此不但工作賣力，與年輕人一起加班，也將家庭打理得井井有條，常常做家務到深夜。最近，她的臉色有些蒼白，皺紋明顯增多，去醫院檢查，結果診斷出患了貧血病。張巧薇很痛苦，從此像換了個人，天天躺在床上，要丈夫伺候，彷彿世界末日到了。一不順心，就唉聲嘆氣，以「活不下去了」威脅丈夫。

從爭強好勝到怨聲載道，張巧薇的轉變讓我們看到無視健康的惡果。太愛面子，傷了裡子，反過來丟盡了面子。這就是惡性循環。

三十歲之前妳找病，三十歲之後病找妳。任何時候，都不能以健康為代價去做事。在加班是家常便飯的今天，不少職業女性從早到晚在辦公室裡，餓的時候往嘴裡塞個漢堡，喝杯劣質咖啡，實在撐不住了甚至會吸菸解乏驅睏。這固然可以換來高收入、體面的生活，可是卻犧牲了健康。

梅梅就是這樣的工作狂。三十多歲的她身為行銷主管，擔負著工作量很大的銷售任務。她如一台永不停止的機器，奔走於世界各地。在一個城市接一個城市的奔波中，她從沒有時間坐下來安穩地吃午飯，常常是邊走邊吃。

就這樣，靠著拼命的工作，她銀行裡的存款逐日增加，終於有一天，讓家人住進了豪華的住宅區。可是，不久後，梅梅時常感到胸悶、氣短、心跳加快。一開始，她沒有當回事，心想自己還年輕，不會有問題。可是有一天，她不停地冒虛汗，實在堅持不住了，就去醫院體檢，結果發現已患上冠心病。

有段論述現代女性的話頗爲經典：「現在的女人不是從前的女人，不再簾卷西風人比黃花瘦。不再尋尋覓覓，冷冷清清，淒淒慘慘，守著窗兒，獨自怎生得黑。現在的女人，獨自在窗前伏案工作，時間一轉眼就過去了。就是天黑得太快，就是時間不夠用。」

「時間不夠用」，一句無奈之語點出了現代女性的心結。一個女人如果總是嫌時間不夠用，離怨婦也只有一步之遙了。

不要做怨婦，就要給自己充足的時間享受生活。要學會調節心態，好好保養自己的身體。從飲食開始，多看一些營養類書籍，不要以任何理由而忽視健康，不管明天有多麼美好，都不要以病弱的身體去迎接它。

亞力西斯．柯瑞爾博士說：「不知道怎樣抗拒憂慮的人，都會短命。」不知道保養裡子的女人，最終也保不住面子。

因爲有了裡子才有面子，才能維繫女性的魅力。做聰明的女王，就要時刻記得把自己當寶貝一樣來呵護。

如果可以不抽菸，別抽。如果可以不喝酒，別喝。如果不想熬夜，就別熬。如果可以不攀比，就別比。每天給自己化個淡妝，跟隨換季購置新衣，無論何時何地，都要記得寶貝自己。適當地嬌縱自己，這可是維繫女性魅力的法寶哦！

運動，女王少不了的必修課

怎樣讓歲月放緩它的腳步？怎樣讓疾病遠離身體？怎樣讓身心永遠健康愉悅？三十歲之後，女人無不被上面三個問題困擾，也無不積極尋找答案，好讓自己青春永駐、魅力不減。

仁慈的上帝給出了答案：運動。運動是保持身材的最佳方法，是延緩衰老的祕密武器，可以抵禦疾病的入侵，令人身心愉悅，精神煥發。運動帶來數不清的好處，除了維持身體健康外，還能讓女人在人際交往時找到自信，讓女人神采飛揚，氣度不凡。

女人年過二十五不再談青春，年過三十五不再談年輕，年過四十不再談姿色，可是女人永遠可以談美麗和健康。

于晴是位女總裁，也是位探險家和旅行家。運動和駕車是她的最愛。空閒時，她還會帶領著孩子們登山或者游泳。喜歡運動的她已經四十五歲了，擁有一個完美健康的身材，並且精力充沛，在工作中顯得遊刃有餘、精明能幹。她周圍的人都喜歡與她交往，並不是因爲她的錢財和地位，而是與她交流運動的體會，崇拜她熱愛運動的信念。

女人永遠都不願意被排除在時尚之外。追求時尚，無論在什麼時候，健康有致的身體都是必須的。要是體態臃腫，或者動不動生病發燒，就難以追上時尚的步伐。

有一項喜愛的運動，對於已爲人母的女性來說，會發揮出給孩子做榜樣的作用。每個媽媽都渴望孩子身體健壯，希望他們是運動天才。孩子是愛模仿的，要是看到自己的媽媽經常運動，勢必會影響到他們。

五年前，阿英夫婦開始練習國際標準舞。夫婦二人參加了很多比賽，拿過多個獎項。一次，他們被分配到三十五歲以下年齡組參賽，必須與比他們小幾歲的年輕選手競爭。阿英毫不示弱：「我不覺得自己的魅力會輸給後輩。」

根據她的觀察，能奪得冠軍的選手大多在三、四十歲。因爲，這些選手經歷了生活的歷練，對舞蹈、藝術，乃至人生，都有了自己的理解和感悟。有了自己的東西，也就容易跳出有內涵、有境界的舞蹈來。果然，阿英夫婦拿到了那組第一名的好成績。

阿英和丈夫對舞蹈的熱愛，也傳染給了他們唯一的女兒。在他們的指導下，女兒學習拉丁舞，很快成爲有名的選手，多次獲得桂冠。舞蹈成爲阿英全家的共同愛好，讓全家人享受到健康帶來的美好生活。

運動有益健康，更有益於氣質的培養。特別是流行的有氧健身運動，自創立之日起，就被各界女性接受、推崇。何謂有氧運動？是指富於韻律性的運動項目，利用身體各處肌肉群做長時間的、連續不斷的、有節奏的運動，而且每次運動時間都保持在十五分鐘以上，並達到中等或以上的運動強度。有氧運動的目的，就是讓全身各處都有效地得到氧的供給，人就會精力旺盛，很快消除疲勞感。常見的有氧運動有步行、慢跑、騎自行車、越野滑雪、打網球；還有各種健美操、跑步機、登山機、划船器、滑雪機、拉力馬等器械上的運動，也屬於有氧代謝運動。

采琴是ＯＬ，近來總是感到注意力不集中，萎靡不振。在朋友的介紹下，她開始去健身房練習瑜伽。每次練習時，先平穩呼吸，放鬆身體，每做一個動作，都要進行呼吸調節。彎腰、壓腿、抬頭，在美妙的音樂聲中，進行了一個小時的瑜伽運動，采琴感到身體放鬆了很多，精神也振作起來。此後，她堅持瑜伽鍛練，半年後，她的體重減輕，失眠的老毛病明顯改善。與她一起練習瑜伽的，還有一位七十六歲的老婦人，從一九九八年就開始練習瑜伽，十多年來從未間斷，不僅身體健康，並且透過測試，發現生理年齡比實際年齡年輕許多。

運動，在帶來健康、神采的同時，還具有防止衰老的功能。這恐怕是所有女人最希望擁有的。所以，我們看到，很多精英階層女性冒著嚴寒去滑雪，頂著烈日去游泳。

旅遊節目主持人蔚蔚，不僅主持過各種高爾夫球賽事，也是位高爾夫球運動高手。她幾乎喜歡所有的有氧運動，冬天滑雪，玩最刺激的單板，尖叫聲達到數百分貝。平日工作中，她也不忘運動，哪怕是穿過酒店長廊，她也會一路舒展筋骨。她隨時都會練習瑜伽，直到大汗淋漓。不停運動的蔚蔚從不怕老，與很多擔心年齡增長的女人相反，四十三歲的她滿心期待四十五歲的到來。她認爲，四十五歲是一個女人最成熟、最有韻味的年齡，既然無法拒絕時間的流逝，倒不如開開心心迎接下一個美妙時刻的到來。四十五歲也好，七十五歲也好，只要心不老，人就不會老。

無論什麼時候，健康的身體都是必須的。體態臃腫、體弱多病的女人，不但不會趕上時尚的腳步，更不可能擁有女王的風采。保持健康，運動是最好的良方。最易處於亞健康狀態的ＯＬ如果堅持運動，則會工作更有效率；身為人母的女性如果堅持運動，會讓孩子也養成愛運動的好習慣；人到中年的女性如果堅持運動，則會延緩衰老，保持活力與魅力。

第二章

Chapter 2

怨婦灑向人間都是淚，女王懂得對自己好一點

怨婦的愛情是一根繩子

「在天願爲比翼鳥，在地願做連理枝」，熱戀中的男男女女，誰都會說出這樣的愛情誓言，分分秒秒不分離，海枯石爛永不變。可是，這美絕的詩句只能欣賞、意會，當不得眞。尤其是女人，如果認爲愛情能一輩子都像初戀時那樣甜蜜，那可就錯了，這種想法會將男人壓迫得喘不過氣來。這樣的女人，把愛情當作了一根繩子，可是她不知道，繩子可以捆住男人的手腳，卻留不住男人的心。

一位女孩幸運地遇到了天使，並深深地相愛了。他們在山上建造了愛的小屋，過著美好的日子。天使很忙，每天飛來飛去，只要有空就來陪伴女孩。

時間久了，女孩莫名其妙地開始煩躁不安。她覺得天使說不定哪天就會飛走，就會離開自己，飛到別的女孩身邊。於是，她想出了一個主意。一天晚上，趁著天使在熟睡，女孩將天使的翅膀藏了起來。她想，沒有了翅膀，天使就不會飛了，就不會離開自己，飛到別的女孩身邊了。

第二天天亮後，天使發現自己的翅膀不見了，他責問女孩：「是不是妳拿走了我的翅膀？把翅膀還給我！」

女孩委屈地看著天使，辯解道：「我沒有拿你的翅膀。我愛你，眞的，我不想失去你！請你相信我！」

天使搖搖頭說：「不，妳不愛我！爲什麼要這樣？」

女孩眼看著天使從櫃子裡找出翅膀，戴在身上，頭也不回地飛走了。她頹然無力地坐在地上，難過地無以復加。

沒有人喜歡被人束縛，哪怕是最愛妳的男人，一樣需要有獨立的空間，有自由的思想，有不被干涉的行動自由。黎巴嫩作家紀伯倫的《先知》中有這樣的詩句：「彼此相愛，卻不要成爲愛的繫鏈。」愛情是彼此擁有，不是佔有。不管妳如何愛一個人，都不能剝奪他自由飛翔的權利。否則，就算對方是天使，也會有累的時候，也會有一天離妳而去。

對愛情要求越多的女人，受到的傷害也越多；對男人緊盯不放的女人，男人出軌的機率也越大。這時，女人除了扮演怨婦的角色，已經別無選擇。在她眼裡，男人是靠不住的，愛情是騙人的，怨恨是理所當然的。

其實，美妙的愛情絕不是繩子，而是磁場。捆住男人不如吸引男人。繩子，會讓男人有掙脫的慾望；而磁場，卻能給男人遐想和誘惑。

愛情都是從彼此看對眼開始的，但是很多愛情慢慢發展成爲女人盯男人、男人躲女人。因爲男人總怕被女人盯太緊，她專注的目光會讓男人渾身不自在。所以，聰明的女人明白，抓住愛情的主動權，不在於下了多少工夫，而在於懂得讓對方保持追求的慾望。

過度的黏在一起，只會消耗彼此的熱情；而若即若離、給男人想像的空間，會激發他們的原始動力。

這可以解釋一個普遍現象：當愛情遭遇外界阻力時，戀愛雙方的熱情反而更高漲，因爲他們覺得自己的愛情更有價值。

日本著名作家泉鏡花的夫人是藝妓出身，兩人的戀情遭到泉鏡花的師父強烈反對，表示「在我死之前，絕不允許你娶她。」鏡花不敢違抗師父的意思，直到師父去世才正式與夫人結婚。

在這個過程中，鏡花夫人沒有一點怨恨，更沒有一絲強迫，堅持與鏡花過著沒有名分的日子，並給予鏡花的事業以最大的支持。鏡花因此可以專心於寫作，建立在文壇上的地位，以他們的愛情故事創作了著名的《婦系圖》。

莎士比亞說：「愛情不是花蔭下的甜言，不是桃花源中的蜜語，不是輕綿的眼淚，更不是死硬的強迫，愛情是建立在共同的基礎上的。」

鏡花夫人用親身經歷詮釋了這一說法。如果她以逼迫的語氣要求鏡花：「師父算什麼？要是你愛我，就快娶我回家！」那麼相信他們的愛情會是另一種結果，他們的人生也是另一番天地。

女人越是獨立自主，男人反而越是離不開她。讓彼此保持相對自由的空間，對雙方的關係反而更有益。「有位佳人，在水一方」。讓男人有機會想妳，有機會從遠距離愛慕妳、欣賞妳，有機會順流、逆流地找尋妳。距離產生美，這種愛情的滋味應該更美妙、久遠。

工夫深，鐵杵不一定磨成針

有些女人希望用愛情捆住男人，結果變成了怨婦；有些女人在愛情上用足了工夫，試圖挽留男人的心，結果也變成了怨婦。愛情，並非工夫深，就一定夢想成眞。

滿大街忙著相親的「剩女們」，她們不是不想戀愛，不是甘心與愛情絕緣，但是都被擋在了愛情的門外。不管她們表面上裝得如何，內心深處無不充滿了幽怨：「我用盡心血，費盡心機，爲什麼還是找尋不到愛？」

伊寧寧是位典型的氣質美女，芳齡三十二歲，身高一六八公分，身材勻稱，任職某公司部門經理。誰能想到，如此出色的她卻成爲了「剩鬥士」，從二十七歲開始相親，幾年來的相親紀錄不下百次，卻毫無收穫。跨過三十歲大關之後，她突然慌了，眼看著身邊比自己小十歲的女孩子都開始張羅結婚了，於是，她給自己訂下了目標：年底之前嫁出去。

目標訂好了，該如何實現呢？伊寧寧清楚，多年來身邊的資源挖掘得差不多了，親戚朋友能爲她介紹的都介紹遍了，現在最好的辦法就是自力更生，主動出擊。她爲自己訂下了指標——每週相親兩次，希望高頻率的相親次數，可以提高成交率。

到哪裡去找相親的男人呢？第一就是交友網站，花錢申請後，放上了照片，不信沒人約見自己。果然，此後她每天都會收到很多來信，最多的時候每天五百多封。信件看了，就從中挑選，一個人挑不過來，就請姐妹們一起幫忙挑。都說百裡挑一，可是伊寧寧挑來選去，很難選出一個來。

好不容易挑選出了幾個條件還不錯的，約見面時的效果卻不盡人意。由於雙方的年紀都不小了，大都有過很多感情經歷，目的性很強。所以，就像面試一樣，直接進入終審程序。男方會直接問伊寧寧：「我們有沒有可能？」

伊寧寧覺得，這不是相親，而是展銷會。戀愛的感覺在這裡被刪除乾淨，只要條件匹配，誰都想縮短戀愛時間，直奔婚姻主題。雖然她不甘心這樣的感情結合，但也沒辦法，不這樣，更不知道何時才能嫁出去。

有人說，相親就是一場尋寶遊戲。因爲在遊戲之前，女人總是設置很多「標準」，用這些物化的東西去衡量將要尋找到的男人。如此一來，相親雙方從內心深處降低了對方「人」的價值。由於目中「無人」，自然很難找尋到「勝任者」。所以，儘管女人們花費了不少心血和時間，卻犯了根本性的錯誤，結果往往是對方條件很好，但是人不好。之所以「人不好」，就在於雙方沒有共同的感覺，沒有看對眼。

生活中，像伊寧寧這樣苦苦追尋愛情的女子很多，她們都希望從相親中選寶，卻換來一次次打擊。因爲女人過了二十五歲，就不再是潛力股；三十歲之後，面值更是直線下降。女人二十五歲之前談戀愛，有的是時間，有的是青春，事業不穩定也不怕，先談著，等時機成熟再結婚。可是三十歲之後，她們不敢了，她們覺得不可以浪費時間，男人也認爲沒有那麼多時間和精力陪她談戀愛。二十五歲的女人可能不在意對方有沒有房子、車子，但是三十歲的女人聽說對方沒房沒車，就會猶豫。因爲她希望找到一個成品，而不是半成品。

在糾結的心理作用下，「剩女」越剩越麻煩，越來越沒底氣。這時，她們可能會以「只要工夫深，鐵杵磨成針」來鼓勵自己，繼續奮鬥下去。

其實，這種想法不見得正確。愛情，來不來電是第一位的，王子和公主不一定會相愛。所以，不管到了什麼年齡，女人追求愛情，都要試著開放自己的感覺，去觀察、感受一個「差不多」的男人，尋找彼此的契合點，不要把相親當作購物，而是用「心」的眼睛去發現另一個鮮活的人。

一八四五年，英國女詩人伊莉莎白．巴萊特在詩壇聲名鵲起，此時，對她的才華一直心懷傾慕

的白朗寧給她寫了一封信，大膽地對她說：「我愛極了妳的詩篇——而我也同時愛著妳……」女詩人接到信後，給白朗寧回了一封熱情洋溢的信。兩人從此開始書信來往。

可是，女詩人長期癱瘓，躺在床上已有二十四年之久。三十九歲的她生活孤獨，從不見陌生人。所以，儘管與白朗寧書信交流很久，她仍然不肯見他。白朗寧非常執著，在他的多次要求下，女詩人終於答應了他的請求。沒想到，兩人第一次見面後，就深深地相愛了。不過女詩人內心充滿了矛盾，她認爲自己配不上他。而且，也遭到了父親的強烈反對。經過長期的掙扎和鬥爭，奇蹟發生了，伊莉莎白突然能行走了。她知道，這是愛情的力量。她不顧父親反對，勇敢地投入到白朗寧的懷抱。兩人遠走高飛，到義大利生活。他們不僅結婚生子，還創作了大量優秀的詩作。

愛情，不是一顆心去敲打另一顆心，而是兩顆心共同撞擊的火花。「擇汝所愛，愛汝所擇」，相信一見鍾情的感覺，別和別人比較，也別理會別人的眼光。好好珍惜與妳一見鍾情的男人，你們的感情能夠長久的機會，遠遠高於經過苦心經營才有結果的戀情。

想像一下，如果一對戀人一見面就彼此傾心，從個性、嗜好到興趣、習慣都比較融洽，他們相處起來就不需遷就、沒有勉強、也沒有壓力，像喝白開水一樣自然，這說明他們幸運地碰到了合適的人，一見鍾情也就是必然的事，這份感情能夠長久的機會就很大。

反之，如果一份戀情需要長久經營才能有結果，需要磨合、改變彼此的個性去適應，那麼這段感情早就蘊含著很多「不對」的因素了。可能年齡不對，可能心理成熟度不對，也可能時機不對。

總之，雙方在諸多「不對」影響下，戀愛可能會談得很久，談得彼此之間失去了吸引力、信賴感以及相處的能力，愛情隨時分裂崩塌也就是不可避免的。

要想獲得真正的愛情，就要調整好自己的心態。尤其是年過30的單身女性，一定不要捨本逐末，忽略人的價值，拿外在的物質條件去衡量人。那樣的做法是得不到真正的愛情的。

怨天怨地，中間還怨空氣

作家林清玄在書中說過這樣一句話：愛，是人生追求的目標，但更重要的是在追求的過程中變得更溫柔。「更溫柔」三個字，看似簡單，卻包含了許多我們逐漸忘卻的美好素質，道出了女人成爲怨婦的眞正緣由。由於不溫柔，女人會索取更多，吝於付出；由於不溫柔，女人會拒絕聆聽，變成歇斯底里的控訴者；由於不溫柔，女人會塵封情懷，攪進爾虞我詐的世界中。

艾倫就是廣大單身怨婦中的典型代表。最初她受過男人的傷害，可能對方已婚，也可能愛上了

別人。艾倫在部落格上放著自己二十歲時的照片，清純可愛，一臉陽光，人見人愛。可是如今的她與「可愛」二字距離遙遠。或許眞的是心態影響容貌，三十一歲的她多數時間叼著香菸，面色無光，滿是頹廢之氣，眉角眼梢掛滿對男人的不屑，令人望而生寒。與朋友們聊天，張口閉口都是男人多麼混帳，應該如何玩弄男人。

好友不忍艾倫就此墮落，勸她：「女人要先有個女人的樣子，才會吸引可靠的男人。」可是她總是一臉不屑地說：「現在哪有可靠的男人，不是死絕了就是別人的！」

以如此心態面對男女之情，艾倫把玩弄男人當作了一件樂事。可是折騰半年之後，她不但沒有獲取快樂，眼神裡更是沒了光彩。眞不知道是她玩弄了男人還是玩弄了自己。好友又勸她：「風騷是拿不住男人的，讓男人來愛是一種能力。如今『風騷』滿街都是，沒什麼技術難度。」艾倫聽了卻說：「我這是眞性情，就該得到愛。我看著矜持的女人就生氣，她們最虛僞！」

由於情感失意而自甘墮落，甚至尋死覓活，這種女人著實可怕。自己都不珍惜自己，別人又憑什麼珍惜妳？妳又怎能珍惜別人？怨婦們從沒想過一個簡單的問題：讓自己快樂起來與死去，哪個更難？把各種不如意掛在臉上和嘴邊，到底能給自己帶來什麼好處？

《長門賦》中的陳阿嬌皇后，在丈夫漢武帝移情別戀之後，爲了奪回夫愛，不惜以千金聘請當時的文豪司馬相如撰寫千古名賦：「日黃昏而望絕兮，悵獨托於空堂。懸明月以自照兮，徂清夜於洞房。援雅琴以變調兮，奏愁思之不可長……」陳阿嬌的幽怨之情躍然紙上。據說漢武帝讀了此賦，心有所感，與皇后重歸於好。

這是一個可喜的結局，卻並非眞實的結局。眞實情況是，漢武帝最終拋棄了「金屋藏嬌」的陳阿嬌，另立衛子夫爲后。這段故事說明了一個道理：以一腔幽怨重奪寵愛，只是女人的一個夢，而不是一種有效的方法。女人在感情失意時，總誤以爲把那股幽怨發揮出來，男人就會回心轉意。殊不知，幽怨只會加速男人的離去。

幽怨不是女人的最好武器，怨天怨地、牢騷不斷的女人，是男人的負擔。尤其是遭遇負心郎的時候，怨婦只會給他離開的理由。如果妳放不下這段感情，幽怨只會讓妳更加被動，沒有哪個男人願意天天面對一個板著臉、揪著心數落自己的女人。如果妳放得下這段感情，那麼又何必去抱怨男人的負心呢？

嘮叨是怨婦的本質特徵。儘管科學研究認爲，女性經常嘮叨有益健康，可是怨婦的嘮叨令人生厭。因爲，她們翻來覆去說的內容都不是什麼好事情，都是在指責別人，抱怨整個世界。有句話很有象徵性地指出了怨婦們無所不怨的特色：怨天怨地，中間還怨空氣。前後左右、裡裡外外，什麼她都看不順眼，總感覺自己是世界上最不幸、最可憐、受傷最多的人。什麼「男人都瞎了眼」、「公公婆婆處處刁難」、「大家都在騙自己」、「認識的人沒好人」……總之，晴天太陽毒、雨天光線暗，她給人的感覺就是活著受罪，還不如「死了乾淨」。可是眞要這麼勸她，她準會以無限怨恨的眼神瞪你：「這什麼世道？什麼人！」

在這個世界裡，誰都會遇到不順心的事，這時偶爾抱怨一下，可以舒緩心情。不過，要是養成怨婦性格，成天怨氣沖天，那就慘了。

怨婦總有自己的一套理論，認為全天下的男人都不是好東西，都不識貨，都對不起自己。其實，很少有女人沒受過情傷。撫平傷害，過著幸福的生活，這才是成熟女性該做的。滿臉掛著哀怨，心裡充滿憂傷和陰暗，肯定不會討人喜歡。不但男人躲著走，女人也會遠離。

灑向人間都是淚

「相思咽不語，回向錦屏眠。」哭，是怨婦的另一特徵；眼淚，是怨婦們最慣用的武器。慣用的不一定管用。初戀時，要要小性子，掉幾顆眼淚，男人會寶貝似地捧在手心裡，心疼不已。可是愛情是一種美好的享受，如果女人動不動以淚洗面，悲悲戚戚，會讓愛情大打折扣，變得晦暗沉悶，因此加速男人離去的步伐，堅定他們不回頭的決心。

追根究底，灑向人間都是淚，其實質是灑向人間都是怨。宋代有個叫聶勝瓊的女子，做過一首《鷓鴣天》：「枕前淚共階前雨，隔個窗兒滴到明。」這類女人心中的幽怨太多，她們弱勢的個性，成爲苦命的根源。一個女人如果總是不敢爲內心的渴望去爭取，總等著被人疼、被人愛、被人呵護，就很難得到眞正的幸福。或許男人很愛她，願意照料她，但太多的責任就是負擔，會讓人承受不起。

經典日劇《東京愛情故事》裡，完治對莉香說：讓我來背負妳的未來，太沉重了。莉香傷心之至，一個巴掌掀過去。這個情節曾給無數女性觀眾留下深刻印象。

莉香深深地愛著完治，可是她的愛太炙熱了，她說要九點鐘見到完治，晚一分鐘都不行，儘管她會在寒風中站到十二點。而里美不會這樣，她對完治說：「我會一直等你，因爲我需要你。」莉香不只一次地表白：「我愛你，完治！」可是她還是提前上了火車，離開了完治。完治愛著莉香，滿世界地找尋她，可是找著找著，卻娶了里美。

幾年後，他們在東京的街頭相遇。莉香依然愛著完治，完治也後悔當初的決定。不過他們還是掉轉頭各過各的日子，兩人越走越遠。

女人也許不知道，男人並不相信童話般的愛情。相反，他們害怕把愛情看得超過一切、拿愛情

當飯吃的女人。他們只把愛情當作人生的一個插曲，生活中的一件正常事。要是女人總以愛情爲藉口，逼迫男人這樣做、那樣做，結果只能將男人嚇跑。

愛情，說到底是兩性關係，是雙方共同追求的結果。如果女人給予愛情過多的期盼和奢望，如果女人只在想像中去戀愛，這樣的愛情不會持久，也不會眞實。

能生活在一起的愛情才是眞愛情，能爲自己負責的女人最吸引男人。眼淚不能與愛情劃等號。擦乾眼淚，提升心理承受能力，生活是自己的，不要依附於任何人。愛情隨著時間而變化，什麼情況都有可能出現。要是欠缺一定的應變能力和承受能力，最好抓緊去彌補。

從前，有位勤儉的家庭主婦，每天從早忙到晚，卻從來得不到丈夫的疼惜安慰。有一次，她忙碌了一天後，走出茅屋，漫無目的地來到一片樹林裡。她發現前面有個小屋裡亮著燈，就走了過去。

屋裡坐著一位智者，神態安祥自然。那位主婦走上去，一股腦將心中的苦水倒了出來。她哭訴說：「我每天天沒亮就起床，做飯燒水，餵牛餵羊，還要給孩子們穿衣洗臉，送他們去學校。白天，我要上山打柴，下田種菜，還要抽出時間去採藥，爲公婆治病。我從沒有爲自己買一件新衣服，也捨不得吃一口好東西。有了好吃的，我不是孝敬公婆，就是留給孩子們……」她泣不成聲，嗚咽著說：「老天爺，我怎麼這麼命苦啊！」

智者看著哭成淚人的主婦，輕輕地說了一句話：「都怨妳，知道嗎？妳把家裡的事情都做完了，別人幹什麼？」

主婦大吃一驚，她從沒有想到自己辛辛苦苦，反而做錯了事。她什麼也不說了，跌跌撞撞回到家，躺倒床上，一邊擦乾眼淚，一邊琢磨智者的話。她忽然意識到，智者說的有些道理，不是嗎？多年來自己包攬了所有家務，而身體健壯的丈夫卻一直什麼事情都不做。

第二天，主婦早起做飯時，望著灶膛裡的火苗，決定與丈夫溝通一下，讓他分擔一些家務。這個想法讓她頓感輕鬆。

可是，怎樣才能實現這個計畫呢？晚上，主婦再次來到樹林裡的小屋，沒開口已是淚水漣漣：「我生病了，丈夫也不知道心疼我，他就知道玩，每天都要我把飯端到面前，吃完飯碗一推，就跟朋友打牌去，什麼都不管。唉，這日子眞是沒法過了。我的脊背疼得要命，還要咬著牙忙裡忙外，可是他連看我一眼都不肯。」

智者聽了主婦的哭訴，依然只說了一句話：「妳要多用好聽話哄哄他。」

主婦無奈之下，也只好按照智者的話去做。俗話說一日夫妻百日恩，終於，男人開始替她分擔家務，與她一起商量怎麼過日子。

主婦變得溫柔起來，嘴巴也甜了起來。這天，她看到丈夫留在家裡，不由說了許多感激的話。夜裡，老人和孩子們都睡了，油燈下，丈夫細心地爲她按摩脊背，而她的手溫存地撫摸著他。恍惚間，她覺得又回到了新婚的日子。

故事中的女主角，在智者指引下終於懂得了表達「愛」，將「哭訴」變爲「感激」，讓彼此之間感受到「愛」，讓生活充滿了「愛」，她也從怨婦轉變爲生活的女王。

女人，不要總是指望男人來引導「愛」，主動地「示愛」；不要覺得男人忽視自己，自己就該抱怨哭訴。科學研究表明，三十歲之後，女人在愛情關係上更佔據主導地位，如果雙方關係不和睦，多數歸咎於女人缺乏愛的能力。她們或者過於依賴，失去了自我，經不起一點風吹草動；或者過於自負，不再溫柔，河東獅吼，哭訴成性。總之，愛情會遇到很多難題，但她們不知道解決、不會解決，只是一味地要求男人。

說到底，愛不是驚天動地的非卿不娶、非君不嫁，也不是天荒地老、生死不變的長相守。愛情，只是相處時的溫暖和融洽。

女王攻略

灑向人間都是淚，這樣的女人註定做怨婦；灑向人間都是愛，這樣的女人天生是女王。愛情是兩個人的事，多表示一點愛，讓對方感受到愛，而不是淚眼相向，這會增進彼此的感情，讓生活變得精彩，讓怨婦轉變成女王。

女王選擇的愛情，會自己負責

在愛情方面，很多女人有這樣一個想法：害怕吃虧，期待被愛，哪怕三千寵愛於一身，還是感到不滿足。

她們總以為男人愛自己是天經地義，而對自己該付出什麼卻從不考慮。這種女人不懂得為愛情負責，很容易進入怨婦行列：要不是抱怨男人不夠愛自己，就是不負責任地去戀愛、為了寂寞去戀愛，甚至捲入多角戀。

今年四十四歲的阿霞，在同學聚會時與大學初戀男友相遇，從此，這位前任男友幾乎每天都傳簡訊給她，表達了赤裸裸、火辣辣的情愛。阿霞在這些言詞的挑逗下，也不禁春心蕩漾了。不過她還能保持理智，多次告訴前任男友不要打擾自己的生活。無奈這位前任男友很執著，任憑阿霞拒絕、冷落，都不屈不撓地變花樣聯繫她。

阿霞很為難，擔心自己出軌，畢竟曾經是自己的初戀情人，而且人有七情六慾，時間長了，難保自己不被「引誘」。

明知道前進一步就是萬丈深淵，可是還是克制不住「禁果」的誘惑，這也是女人共有的心態。在行為上，人很難跟著理智走，卻很容易成為感覺的俘虜，結果被傷得體無完膚。

對付這種危機，唯一的辦法就是不給自己太多貪心的機會，時刻提醒自己爲愛情負責。一個對愛情負責的女人，不會爲了寂寞去戀愛，不會爲了戀愛而喪失自我。她們懂得，打理愛情比打理錢財要難得多。展開「愛情收支表」，如果發現表上存取的數字多過支出的，就該反省一下自己，是不是守財奴，到底爲愛情負了多少責任。

楊曉燕是幼稚園的園長，小孩子們都喜歡她。單身的她，並不急於把自己嫁出去，儘管她已經三十歲了。她怕萬一匆忙嫁了，以後遇到讓她怦然心動的男人，豈不是會「恨不相逢未嫁時」？寧吃仙桃一個，不吃爛梨一筐。都說紅顏彈指老，可是由於心態好，曉燕看起來仍像二十多歲的女孩子。

偶然的機會，楊曉燕遇到了趙偉寧。這個男人並不是帥哥，但一舉一動完全符合楊曉燕心目中的樣子，而且他對曉燕說的第一句話就是：「我好像見過妳。」曉燕的內心起了波瀾，與趙偉寧相戀並結婚。

婚後，由於兩個人不在同一個城市工作，不得不兩地分居，但誰也沒有要對方爲了自己放棄喜愛的工作。因爲他們倆對愛情和婚姻的看法是一致的：愛，不能成爲束縛，若不能彼此信任，又何必結婚呢？

普勞圖斯說：「適當地用理智控制住愛情，有利無弊；發瘋似的濫施愛情，有弊無利。」眞正的愛情是兩個人的事，尤其是女人，守望愛情不能不計後果。如果爲了滿足男人而戀愛，或者爲了滿足自己而戀愛，都不是正確的選擇。要知道，不愛對方卻和對方戀愛、結婚是最不負責的。所以，即使當時讓對方很傷心，也要即時拒絕，這總比讓他幾年甚至一輩子傷心要強。

不管面臨的是婚姻的開始，還是愛情的結束，只有理性才能把握愛情的主動權，才能不在感情中迷失自我。

女人可以為自己建一個愛的帳本，經常查看一下收支是否平衡，不要在破產後，才發現自己昔日有多麼貪心。在愛的帳本中，數額不驚人不要緊，怕的是頁頁空虛，從沒有存取和支出；或是欠款太多，終生難以償還。愛情並非施比受更有福，只要收支平衡就是最理想的。

失戀是女王的一劑有效疫苗

艾梅與男友相戀多年，沒想到男友卻喜歡上了一位年輕女孩，他之所以遲遲沒有提出分手，也是因爲左右爲難。然而事情最終暴露了，艾梅傷心欲絕，男友還是狠心地離去。

失戀後，艾梅不吃不喝，整個人都垮了。姐姐心疼她，想盡辦法勸慰她：「這種男人沒有堅持，沒有勇氣，禁不起風吹草動，有什麼值得妳愛？妳該慶幸，儘早地離開了他，這要比結婚後再離婚好多了。」

其他人也勸慰她：「失戀並非完全是壞事。塞翁失馬，焉知非福，失去一個不愛的人，才可能重新選擇，有機會得到眞正的愛情。爲了負心漢傷心，搞垮身體，太不值得了。」

儘管大家說了這麼多，艾梅還是很傷心。

若問所有女人都痛恨的人是誰，非負心漢莫屬。提起負心漢，就少不了與之對應的癡情女，往往越癡情的女子，越容易遇到負心漢。因爲癡情女在愛情問題上犯了「看不開」的毛病，一旦男人有負於自己，就會悲痛欲絕，好像眞的活不下去了。

遇人不淑固然不是好事，但並不是最可怕的，最可怕的是遇人不淑卻還執迷不悟。男人背叛了妳，確實可恨；但妳有沒有想過，這個人是否是前世埋葬妳的人？

有位姑娘和未婚夫約好在某年某月某日結婚。到那一天，未婚夫卻娶了別人。姑娘受此打擊，一病不起。這時一位遊方僧人路過，從懷裡摸出一面鏡子叫姑娘看……

姑娘看到茫茫大海，一名遇害的男子一絲不掛地躺在海灘上。路過一人，看一眼，搖搖頭，走了。又路過一人，將外衣脫下，給男屍蓋上，走了。再路過一人，過去挖個坑，小心翼翼地把屍體掩埋了。

僧人解釋道，那具海灘上的男屍，就是妳未婚夫的前世。妳是第二個路過的人，曾給過他一件衣服，他今生和妳相戀，只爲還妳一個情。但是他最終要報答一生一世的人，是最後那個把他掩埋的人，那人就是他現在的妻子。姑娘頓時大悟。

故事說的很明白，離開妳的男人如果不是前世葬妳的人，說明妳的眞愛還沒有出現，妳可以繼續等待、尋找。沒必要爲離妳而去的人流淚痛哭，甚至輕生。

一位哲學家說過，人只有透過失戀的痛苦和折磨，才會成熟起來。眞正的女王就是在磨練中提升，走向成熟。荷麥說：「爲了失戀而耽誤前程是一生的損失。」就是說，失戀不是愛情的結束，而是新愛情的開始，爲生活打開了另一扇門。因此，永遠不要爲背叛妳的人流淚，因爲值得讓妳爲他流淚的人不會讓妳哭的。更何況天涯何處無芳草，如果一個男人開始怠慢妳，請妳離開他。不懂得疼惜妳的男人不要爲之不捨，更不必繼續付出妳的柔情和愛情。要是妳想表現得更「酷」一點，在他對妳說分手時，不僅不要哭泣，還應該笑著說：等你說這話很久了。然後轉身走掉。

話說回來，感情的事基本上沒有誰對誰錯，他要離開妳，總是妳有什麼地方不能令他滿意。回頭想想過去在一起的日子，只要是快樂的，就足夠了。所以，女人戀愛時要給自己一定的心理彈性，既能享受愛人的親密，又能接受愛人的疏離。鬆緊把握好了，擁有的時候要珍惜，失去的時候要趕緊轉彎。沒完沒了地追悼過去，或者試圖報復男人，都是愚蠢的行爲。不少女人愈報復愈仇恨愈瘋狂，最終將自己的前途也給「報復」了。請相信：活得比他幸福是對他最好的報復。

泰戈爾說：「生命因為有了愛才有意義，生命因為失去了愛才變得更為富有。」遇人不淑固然不是好事，但卻不是最可怕的，最可怕的是遇人不淑卻還執迷不悟。失戀固然很痛苦，但卻是人生必須的歷練。怨婦在失戀的打擊下失去自我，而女王會將痛苦轉化為力量，從此走向成熟。

女人要對自己好一點

三十三歲的張璐璐經歷了四次刻骨銘心的戀愛。第一次，她爲男人改頭換面、傾其所有，不但放棄了很有前途的工作，隨他來到陌生的城市，還疏遠了自己的同事朋友，成爲一名小主婦，每天買菜做飯，洗衣打扮，一心一意等他回家。這樣的日子過了三年，張璐璐換來的是一封分手的簡訊。

張璐璐不甘心，很快陷入第二次戀愛的狂潮中。讓她想不到的是，這次戀愛情節與第一次大致相同，只不過被甩的時間提前了一年，又是男人毫不猶豫地跟她說「拜拜」。

第三次戀愛，張璐璐不幸地重蹈了前兩次的覆轍，再次被甩。

接連受傷，張璐璐欲哭無淚，她不明白自己到底做錯了什麼，爲什麼總是遇人不淑？癡情女總是遇上薄情郎，她爲他們付出所有，卻換來一次次無情背叛！此後，她心如死海，消沉許久。

不過，人是情感動物，張璐璐亦不例外，受傷的心靈需要慰藉。所以，當她從傷痕累累的情感地帶爬起時，第一個想法就是：從此之後，不管遇上什麼樣的男人，再也不會犧牲自我去取悅他們。做眞實的自己，只做讓自己高興的事。

果然，張璐璐又遇到了第四段感情。這時的她再也不是那個爲愛情而活的小女生，即便戀愛了，她依然保持獨立的生活姿態。

爲了陪知心好友逛街，推掉與男友的約會；加班工作，就推遲男友的生日聚會；買自己喜歡的衣服、書刊，而不順服男友的喜好；選擇自己喜歡的電影，而不是依從男友的愛好；去外面吃飯，也一定要一個自己愛吃的菜。

有時候，聯想前三次的戀情，張璐璐也覺得對現任男友太惡劣、太不溫柔了。不過有什麼辦法呢？前三次失戀已經讓她徹底變了，現在她認爲愛情就是爲了讓自己快樂，而不是爲了他人讓自己受罪。

一年後，男友正式地約見張璐璐。張璐璐做好了分手的準備，心想：舊的不去，新的不來，看

來又該尋找新的快樂了。然而，男友見到張璐璐後，滿臉癡情地說了一句令張璐璐大吃一驚的話：「我們結婚吧。」

張璐璐終於有了歸宿。思前想後，她眞是百思不得其解：「從前那麼在乎男人，卻屢屢被甩；如今只顧著自己，卻被人當成寶貝。這到底是爲什麼？」

有人說：男人總是向不把他放在眼裡的女人獻殷勤。換句話說，如果女人太在乎男人，男人就會不當回事。所以，即使妳很愛很愛一個男人，也不要迷失自己。

張璐璐的四次戀愛經歷，恰恰說明了這一點。越是愛得失敗的，越是愛得最深切的。許多男女的分手，不是因爲愛，而是因爲太愛。

張璐璐爲了前三位男友，犧牲了那麼多，付出那麼多，最終讓他們感覺已經完全擁有，沒有必要繼續交往，所以選擇分手。而第四位男友，若即若離之中，他迫切地希望擁有張璐璐，所以會提出結婚。

愛默生說：「說到底，愛情就是一個人的自我價值在別人身上的反映。」沒有了自我，爲對方完全放棄自己的喜好、生活，這種女人還有什麼自我價值？對方又怎能從妳身上表現出價值？這時男人怎麼會選擇妳？怎麼會珍惜妳？

不可否認，人性中都有自私的一面，都有一種「賤性」。越是無法完全擁有的東西，會越珍惜；越是不費吹灰之力得到的東西，就越不在意。因此，要想徹底擁有男人，就不能讓他有徹底擁有自己的感覺。

愛情是生命中的鹽，不可缺少，亦不可多放。眞愛一個男人，希望得到他百分百的愛，爲此付出百分百的熱情，這就錯了。鹽放多了，口味太重，飯菜照樣難吃。當女人付出百分百時，意味著她不再神秘，彼此之間不再存有幻想，那麼男人就不想繼續下去了。

女人都希望擁有魅力，吸引男人。取悅自己，就是最大的魅力。一個女人如果每天活得光鮮漂亮、快快樂樂，就能吸引男人的目光和心靈。所以，不管多麼愛對方，稍稍自私一點，並非壞事。當然，這種「自私」應該是一種自愛，是對自身價值充滿自信的表現。

有位著名女影星在接受採訪時，被問到一個問題：「妳老公也是著名影星，你們兩人都這麼優秀，爲了拍戲常常不在一起，妳會不會有危機感？會不會擔心其他女人追妳老公？或者妳老公喜歡上了別人？」

女明星笑了：「年輕時有過，不過現在不會了。」

主持人問：「爲什麼？」

女明星回答：「如果他眞的有了第二次生命的火花，我該恭喜他呀。」

主持人大驚：「像妳這樣大度的女人，我還沒見過呢。」

女明星平靜地說：「不是我大度，是因爲我明白，不管什麼時候他在與不在，有沒有他，我都能好好照顧自己。」

羅蘭有語：「如果妳愛一個人，先要使自己現在或將來百分之百的值得他愛。至於他愛不愛妳，那是他的事。妳可以如此希望，但不必勉強去追求。」任何時候，都要學會愛自己，爲自己負責，這樣的女人才是有智慧的，才會具有女王的風采。

留一點愛給自己，這是現代女性應該掌握的愛情哲學。如今，OL群中流行「0.8生活哲學」，即不必每件事都做到十分，盡八成力，剩下二成做本錢。這一點同樣適用於愛情。付出八成熱情，讓感情保持在最佳狀態，留下的二成，用來更好地做自己。

第三章

Chapter 3

怨婦在痛苦中折磨，女王揮揮衣袖解放自我

怨婦猛於虎

有位公認的好男人離婚了。面對人們的質疑，他說：「怨婦猛於虎啊！」公司準備提拔他爲經理，妻子不支持，原因很簡單，她認爲男人有錢有地位了，就會有別的想法。後來，丈夫還是當了經理，從此，妻子便疑神疑鬼，天天檢查丈夫的手機。皇天不負有心人，終於有一次，妻子在丈夫的手機裡發現了一封女人傳來的簡訊，說想聽聽她老公的聲音。妻子大驚，追問老公怎麼回事。

老公解釋說，這本是一個玩笑。妻子不信。晚上，那個女人打電話來，妻子接了，並生氣地對對方說：「有什麼事，妳最好一次說清楚。」事後，老公一再向妻子保證，讓她放心，自己忙於工作，不會去做對不起妻兒的事，而且自己的心裡只有妻子孩子。說完，還將那個女人的簡訊、號碼當場刪除。

可是，妻子並沒有就此放心。不久，她又一次從老公的手機上發現了那個女人的簡訊。這讓她幾乎發瘋，跟老公吵架，還給那個女人回簡訊，多次表示：「別再做這些無聊的事了，我們很幸福，妳也趕緊找個人過日子吧。」老公知道後，責怪她不該與那個女人聯繫，可是她爭辯：「我想搞清楚她到底想什麼。」

老公語重心長地對妻子說：「不要理她了，不管她想什麼，妳不理她，時間長了就沒事了。」妻子聽了這話，越發擔憂，表示很想見見那個女人。老公生氣地把飯碗摔碎了，兩人大吵一架，妻子覺得丈夫已經不愛自己了，破門而出，老公重重地關上房門……

許多女人都會同情這位妻子，覺得她委屈。確實，她一心一意愛著老公，老公卻與別的女人不明不白，實在讓人憋氣。可是她有沒有想過，那個女人難道眞的要拆散他們夫妻嗎？退一步講，假設她果眞與丈夫有染，妻子這樣做，就能化解婚姻危機嗎？

故事中丈夫說的沒錯：「不要理她，時間一長也就沒事了。」

在兩性關係中，最具殺傷力的不是爭執，而是漠視。一個妻子，如果能夠靜下心來漠視與老公有瓜葛的女子，處變不驚，那麼再難纏的婚外情，也會化解於無形。請想一想，有哪個女子願意長時間地唱獨角戲？

可是，故事中的妻子卻採取了相反的做法，不但接對方電話，給對方回覆簡訊，還向她不斷說明他們夫妻多麼恩愛。殊不知，這種做法很容易激起那個女人爭強好勝的鬥志，她覺得只有拆散他們，才能證明自己的魅力。

所以，好奇害死貓，克制自己，不要再對那個女人感興趣，不要再去理會她的一切，才是明智的選擇。

另外，一個妻子，不管在什麼情況下，都不要武斷地認爲丈夫不再愛自己了。爲了一個莫須有的女人，天天跟老公找碴，任何男人都會有心情不好的時候，都會在糾纏之下，說出無情的話，做出無情的舉動。因此，不想做怨婦，就不要把糟糕的情緒全都發洩在老公身上，不要試探男人的忍耐力。再愛妳的男人，也會有忍無可忍的時候。

看看美國前第一夫人賈桂琳在遭遇婚外情時的表現。有一次，美國當紅影星瑪麗蓮・夢露打電話給賈桂琳，說要取代她成爲第一夫人。賈桂琳聽了不但不怒，反而哈哈笑道：「好啊，妳打算什麼時候搬進白宮？我給妳騰地方，今後第一夫人的重擔就拜託妳挑了。」簡短的幾句話，不但保持了尊嚴，還有力地回擊了對手。結果誰都知道，賈桂琳穩穩地坐在第一夫人的寶座上，繼續向世人展示著自己無窮的魅力，不僅與丈夫關係良好，還獲得無數男人的尊重和崇拜，是人們心目中眞正的女王。

幾乎每個女人都羨慕賈桂琳，希望擁有像她一樣吸引男人的本事，要風得風、要雨得雨。那麼，就請妳像賈桂琳一樣，在婚姻生活中表現出自信、勇敢、瀟灑、堅強、優雅、智慧。

如果女人不明事理，盲目追求虛榮，則會將男人逼上絕路。比如，不知足的女人常常不經意地嘲諷自己的男人：「隔壁的張先生又買了輛新車，你看咱家的車都破成什麼樣了？」或者對兒子說：「以後可別像你爸爸那樣沒出息。」這種的女人，不僅自己不安分，還會使男人身心俱疲，哪裡還有好運氣、好生活？

最可愛的女人，不會黏著男人，不會做男人的附庸，不會對男人猜忌嘮叨，指手畫腳。她們能夠看清事理，認識自己，並肯定現實，因為她們充滿了自信，所以不做勉強的要求，不會一味地與人計較，而且能夠即時地調整心態，轉換心情。這樣的女人，是家庭中的「福音」，是婚姻的守護神。

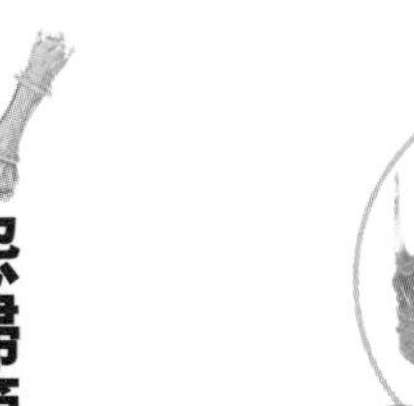

怨婦管理男人，女王吸引男人

英國作家盧卡斯說過這樣一句話：「人們婚姻的麻煩是源於：每個女人本質上都是一位母親，而每個男人本質上都是一個單身漢。」日常生活中，女人會不自覺地把老公當成孩子來對待。爲了抓住老公的心，她們常常希冀「君心似我心」。恨不能天天與老公廝守在一起，監視他的一舉一動，很怕出現意外。

然而現實卻總是背道而馳，令女人傷心。男人都是酒色中人，是渴望自由的動物。他們不願被人控制，他們在女人的管理下往往更加「叛逆」，最嚴重的情況就是在外面找女人幽會。因爲他們眞正需要的是喝點酒，發生點曖昧關係，眉飛色舞，侃侃而談，聽女人誇獎他「多麼美妙」，然後放鬆地回到家中。

對男人來說，情況就是這樣簡單；對女人而言，這就是痛苦的根源。男人不回家，女人自然淪爲怨婦，她認爲男人無情，辜負她的辛苦付出，全天下人都該同情她的遭遇。這種怨婦型的女人，註定在家庭生活中扮演失敗和被冷落的角色。

張太太婚後就一直扮演著「管理員」的角色。每當張先生下班回家，她都會察言觀色，然後緊張兮兮地追問：今天是不是跟上司吵架了？工作是不是遇到麻煩了？業績是不是下滑了？然後自作主張地爲他出謀劃策，並督促他如何弄好人際關係，怎樣樹立奮鬥目標。可是由於缺乏ＥＱ技巧，反而越幫越忙，越幫張先生越煩。

隨著時間流逝，張先生在公司內也升到了管理層，張太太自以爲有功，管理的範圍更廣了。從早到晚不是抱怨張先生賺的錢太少、孩子不能上貴族幼稚園，就是指揮張先生做這做那，把他當成了「勤務兵」，認爲他理當圍著自己打轉。

在這種想法的支配下，張太太當然沒有好臉色給張先生看，開口閉口都是負面話語，批評成爲最常見的「管理方式」；對張先生平日喜歡的活動，比如彈琴、踢球，也是一臉不屑：「你瞧瞧隔壁的李先生，沒幾年都換了好幾次車了；你再看看我們，一輛破車開了好幾年！你還好意思彈琴！」張太太的「管理術」最終讓張先生忍無可忍，離她而去。

張太太痛哭流涕，罵張先生不知好歹、對不起自己；張先生卻異常高興，說：「我終於自由了。」

有個女兒在婚前問母親，婚後該如何抓住丈夫的心。母親讓她抓起一把沙子，說：「試著握緊。」女兒用力地握手，沙子順著指縫漏下，她握得越緊，漏下的越多，最後手裡所剩無幾。這位聰明的母親用這種方式告訴女兒，不要透過掌控的方式去抓男人的心，男人有男人的世界，這可能與妳無關，但並不代表他不愛妳，所以不要給他壓力，壓力越大，失去的可能就越大。

經營婚姻是夫妻雙方的責任。家庭生活中，女人尤其要尊重丈夫。有句俗話說的好，「眞愛他，就給他自由。」在婚姻生活中，聰明的女人會盡量讓丈夫開心，這樣丈夫才會想法讓妻子也開心，雙方就會激情迸發，永不厭倦。如果男人在婚姻中沒有被束縛手腳，他會覺得自己的女人很有吸引力，很願意與她共同經營好他們的婚姻。

女人要想在家庭生活中獲得男人的尊重和愛，首先要保持獨立的人格，其次要有自己的事業。有事業支撐，經濟獨立，人格自然能夠獨立。只有做自己的女王，才能做家庭和丈夫的女王。

高漸飛算不上漂亮女人，卻找了個既帥又多金的老公。有人說，那就別上班啦，有老公養還那麼辛苦幹嘛呀；還有知己私下裡跟她說：「要好好看牢哦，條件那麼好的男人很容易被人搶走的。」高漸飛總是淡然一笑，從不把這些話放在心裡，照舊上班，踏實地過日子。

高漸飛從不認爲跟在老公身邊就能看住他，所以她一直都想得很開，兩人結婚後就約法三章：一，不過問對方工作上的事；二，給對方自由的空間；三，每週必須有在一起交流的時間。她很信

奉一句話：你來我相信你不會走，你走我當你沒來過。

她特意去學了廚藝，不是爲了取悅老公，只因爲她喜歡。兩個人在燭光下對著美食淺斟慢飲，既有情調又能放鬆壓力。家，就是放鬆自己的地方。

老公總是很忙，高漸飛在工作之餘，常常一個人在家裡，但她從不感覺寂寞。下廚、插花、做手工，把家裡佈置得像伊甸園，讓她的老公每天回家都感覺舒適和愜意，情不自禁地就讚美她。

有時，她會靜靜的沉醉在自己的世界裡，一本書，一杯茶，一首歌。這種時候，她的老公也很識趣，從不去打擾她的雅興。

他們從沒刻意說過「我愛你」，一個小動作，一個輕吻，一次相擁，便勝卻無數言詞。

我們一定會執子之手，與子偕老。高漸飛微笑著想。

高太太沒有成爲事業有成的丈夫的花瓶，而是透過自己的努力，成爲能和丈夫比翼齊飛的大鵬鳥。她找到了婚姻家庭和美麗人生的最佳平衡點，不僅使自己的內心變得更加強大，同時在丈夫心目中的地位也更加高大。這種女人，不僅使自己的人生豐富多彩，而且把家庭生活也經營得非常美妙。有能力讓生活變得越來越美好，這就是女王的特質。

女人要尊重丈夫，要讓丈夫感覺自由。男人在婚姻中沒有被束縛的感覺時，才會覺得自己的女人很有吸引力。女人要想做家庭和丈夫的女王，就要保持獨立的人格，最好有自己的事業，經濟獨立，人格才能真正獨立。

女王不是「熬」出來的

要抓住男人的心，先抓住男人的胃，不少過來人都有這樣的體會。她們不僅身體力行，還不遺餘力地把這點經驗傳授給後來者。爲此，許多女人在婚後會忙著買各種食譜，訓練廚藝技巧，以打造自己在男人心中的地位。

從來十指不沾陽春水的阿美就是這樣。婚後，公司裡的女同事好心提醒她，督促她買了幾大本食譜。阿美用心地學習，無奈練了幾天，既不得要領也沒有培養出興趣，於是頹喪至極：「通往男人心的路只有胃的話，我看我是完了。」

通往男人心的通道必須是胃嗎？這一說法不是沒有道理，女人用心爲男人煮飯是一種表達愛的方式；男人既能享受到美味，又能明白妻子多麼愛自己，一舉兩得，豈能不開心？可是，在這個營養過剩的年代，「吃」已經不再重要，男人也不一定只滿足於吃。女人默默圍著鍋爐轉，等男人回家，然後相對無言默默吃——這種婚姻缺少生機和情趣。

很多恩愛的夫妻不是「煮」出來的，尤其是現在的年輕夫妻。他們或者是玩伴，或者是書友，或者是電影迷、遊戲迷……但是，很少有「女廚子＋男饕客」的搭檔。那些享受婚姻的女人們在評價男人時，多數都會以炫耀的腔調這樣講：「他啊，可好養啦，一碗麵就可以打發一頓」、「能吃飽就不錯了，他很知足」、「不管我做什麼，他都會吃得很開心啊」……從這些言語中，看不到「抓男人胃」的跡象，卻讓人看到了美滿生活的圖景。

男人眞的在乎吃什麼嗎？所謂醉翁之意不在酒，他們不在乎吃什麼，而是在乎女人是否能給他一份全心全意的愛，一個溫馨的家。所以，即便一個女人能煮出滿漢全席，如果她脫下圍裙就去混夜店，照樣讓男人食不知味。

也許還有女人會不解：「可是，我的男人對吃喝非常挑剔，一不合口味，他就會給臉色看。」遇到這種男人，可能有兩種情況，一是男人早就看妳不順眼，等著挑刺；二是他確實是個饕客。不管是哪種情況，他們的女人都慘了，除了自求多福，還要趕緊想辦法自救。

「煮飯」只是婚姻問題的表面現象。如果女人執迷於此，以爲抓住男人的胃就能抓住男人的心，說明她們缺乏愛的自信和勇氣，把自己定位於依附的地位。這是很多女人的慣性思維，認爲女人就該死心塌地的照顧家庭、丈夫、孩子，認爲讓婚姻幸福必須「熬」，必須犧牲自我。

其實，女王不是熬出來的。

李美霞與老公婚後自己住，有了女兒後自己帶孩子。這是個苦差事，李美霞從早到晚圍著孩子轉，明顯感覺夫妻之間的話少了，性生活更少。爲了減輕負擔，李美霞提議請個保姆，卻被老公拒絕了，理由是請保姆要花錢，爲了女兒能省則省。

終於熬到女兒三歲去幼稚園了，李美霞找了份工作，收入還不錯。由於工作原因，對家庭和女兒的照顧沒以前那麼多了，這時老公就開始抱怨她不顧家，不管孩子。李美霞再次提出找保姆的事，他還是一口拒絕。夫妻之間的衝突越來越多，爲了女兒的餵養、教育，家中的一日三餐，他們都有可能吵上一架。

更讓李美霞鬱悶的事還有很多，比如：她打算繼續深造，以適應工作需求，老公卻罵她，說她三十多歲了還讀什麼書；公司舉辦旅遊，老公說自己在家帶孩子太累，阻止她去玩……忍受著折磨的李美霞，眞不知道自己該何去何從。

不幸的婚姻各有各的不幸，而不幸的女人無一例外都犯了一個錯誤：她們以爲可以「熬」出幸福，爲此忍受男人的冷落、指責、折磨、謾罵，甚至暴力，忍受生活的災難。故事中，李美霞的老公企圖用「家庭責任」四個字牢牢地囚禁妻子，不但不爲妻子分擔家務，還拼命地從妻子身上「省錢」，他這樣做，說明他沒有意識到賺錢的目的是爲了婚姻生活更輕鬆愉快，不懂得婚姻的基礎是彼此尊重。

女人也好，男人也好，婚姻固然重要，但前提是雙方必須是獨立自由的人。如果爲了維持家庭，壓抑自己變成奴隸，變成生養孩子的機器，喪失人格獨立、心靈自由和自身發展，那麼這種婚姻還有什麼意義？

一百多年前，一位十九歲、大户人家的小姐嫁給了門當户對的鄉紳少爺，並生下一雙兒女。隨後，妻子追隨當官的丈夫進京，一切看起來都是那麼美好。可是這位妻子卻有更大的追求和理想。她不顧家人反對，變賣首飾，湊足路費去了日本留學。後來，她回到上海辦了《中國女報》，在創刊號裡呼籲全國女性同胞：「我的二萬萬女同胞，還依然黑暗沉淪在十八層地獄，一層也不想爬上來。足兒纏得小小的，頭兒梳得光光的；花兒、雜兒，紮的、鑲的，戴著；綢兒、緞兒，滾的、盤的，穿著；粉兒白白、脂兒紅紅的搽抹著。淚珠兒是常常的滴著，生活是巴巴結結地做著；一世的囚徒，半生的牛馬。」她覺醒了，並呼籲全國女性覺醒，不再做婚姻的奴隸。這位偉大的女性就是中國近代著名女革命家秋瑾。

「一世的囚徒，半生的牛馬」，這是當年秋瑾對中國女人處境的判斷。

一個世紀過去了，我們還能聽到人們這樣勸說在婚姻中受傷的女人：「忍忍吧，女人嘛，還能跟男人一樣？」、「別想太多，照顧好家庭是第一位的」、「熬過來，就什麼都好了」。

婚姻需要忍耐，但不需要煎熬。

女人，不管到了什麼年紀，請勇敢一點，人生之路是自己走出來的，一味地妥協、奉承別人，毫無意義。

所以，不要再以「熬」爲榮。活出自我的風采，婚姻會更加幸福。

幸福婚姻不是「煮」出來的，女王不是熬出來的。如果不想成爲怨婦，就不要以「熬」爲榮，要活出自我的風采。

結婚考驗妳的膽量，離婚考驗妳的智慧

勸合不勸離，這是中國人傳統的婚姻觀念之一。婚姻中的女性也大多抱定一個信念：只要湊合，最好不要離。如今，三十歲以上的女人沒有遇到婚姻問題的，少之又少，受感情挫折，在其中掙扎徘徊的女性越來越多。到底要不要離？常常令她們晝思夜想，受苦受難。

不知道什麼時候起，谷先生開始酗酒，喝多了就打谷太太，而且下手很重。有一次，谷先生

酒後竟然操起菜刀向谷太太揮舞。谷太太大聲喊叫：「你看好了，我是你的老婆，不是你的仇人啊！」谷先生愣了一下，用通紅的眼睛仔細看了看她，慢慢放下刀，癱在沙發上睡著了，谷太太則被嚇出的一身冷汗濕透了衣裳。

谷太太知道，明天早上負荊請罪的戲碼又會上演：溫言軟語的道歉，買禮物，甚至下跪，然後賭咒發誓以後不會再喝酒……可是谷太太知道，這些都是沒用的，過不了多久，他還會舊病復發。

不是沒想過離開，可是看著一雙兒女驚恐的眼神，心裡的滋味非常難過。自己離開了，孩子怎麼辦？他打不到自己，會不會打孩子？會不會把孩子打死？何況，每次一提到離婚，孩子們就會可憐兮兮的哀求她不要走……想到這些，谷太太心如刀攪，淚流滿面。

孩子們看見媽媽又鼻青臉腫的哭，大的擰了塊濕毛巾輕輕地擦淤青的地方，小的用小手替媽媽擦眼淚，邊擦邊跟媽媽一起哭。這麼懂事的孩子，誰能捨得扔下不管呢？

谷太太常常想起兩人剛結婚的那幾年，夫唱婦隨、恩恩愛愛的情景，那樣的日子再也不會回來了。

有人說：結婚需要勇氣。兩個成年人在相識一年半載後，就要走入一個屋簷下，同吃同睡同甘共苦，營造全新的生活，這不僅需要愛，還需要承載未來的勇氣和能力。

可是，即便考慮到了婚後的各方面，兩人還是不一定能夠走下去，因爲未來有太多不確定的因素。於是，婚後的生活會朝著各個方向發展，有的幸福，有的湊合，有的彼此厭惡，有的無法適應……婚姻是所學校，夫妻兩人就是學生，不僅要學習維持婚姻的技巧，還要學習離婚的藝術。

當婚姻無法繼續下去時，離婚就是最好的選擇。這是一種藝術，需要智慧。花無百日紅，愛也是有期限的。女人不必要忍受男人的暴力，也沒有義務非要跟不愛的男人湊合一輩子。

張秀琬女士是臺灣元祖公司董事長，在大陸經營的食品門店超過兩百家，年銷售額超過三億。為了生意，張女士常常來往於大陸和臺灣之間，她的先生漸漸不滿，指責她：「妳一直都在大陸，好像不要家。」張女士說：「我努力地跑，努力地做事，也是為了家啊。」此後，為了照顧家庭，她盡量減少與先生的衝突，維持家庭和睦，可是先生依然不滿意，甚至要求她放棄事業，專心於家庭。

元祖公司是張女士花費多年心血創辦的，感覺就像自己的孩子一樣，怎捨得放棄？所以，儘管她做了很多努力，最終，多年的婚姻還是走到了盡頭。

這類故事在我們身邊時常上演，顧了事業顧不了家庭，好像已經是成功女性的象徵符號。張秀琬在談到自己的離婚問題時，也難免不了哀嘆。話說回來，男人難道真的是因為女人不顧家，就要求她們放棄事業嗎？其實，男人只不過是缺乏安全感，女人的成功會反襯出他們的無能，故而他們不支持妻子做事業。這樣的男人還值得愛嗎？

百年好合，強調的是「好合」，兩個人的關係已經鬧僵了、不好了，爲什麼還要「合」下去？觀念上的差異很難調和，就算委曲求全也不會幸福。

幾千年男權社會的影響，遺留下來「男主外女主內」、「男人要比女人強」的思想，頑固地深入人心。所以，一個打算做事業的女人，一個希望在婚姻中有自主權的女人，必須要找一個心胸寬闊的男人。男人，不一定在外面賺了錢，回到家就要當大爺，大模大樣地不理家務；女人，也可以馳騁職場，把家務事分給男人去料理。一個既事業無成又容忍不下妻子的男人，無論如何，也不值得女人去愛。

女王攻略

婚姻是所學校，夫妻兩人就是學生，不僅要學習維持婚姻的技巧，還要學習離婚的藝術。觀念上的差異很難調和，就算委曲求全也不會幸福。如果愛已不在，女王會放掉那個不相愛的男人，重新做回自己。這是一種智慧，更是一種能力。

婚姻不是鐵飯碗

對於愛已消逝的婚姻，分手無疑是明智的選擇。但是，離婚絕不是一句話的事，而且勢必會對雙方造成一定程度的傷害。若想將傷害降到最低程度，就需要從心態上認識到：婚姻不是鐵飯碗。

常常見到女人這樣抱怨：「老公不像從前那樣愛我了。」她們的根據是什麼呢？一位三十六歲的女人說：「我問老公會不會愛我一輩子，這輩子是不是只愛我一個人，你猜他怎麼說？他竟然回答：『現在是愛著妳，至於將來則不確定。』」女人爲此大傷感情。

這樣的例子在生活中比比皆是。女人都喜歡聽男人說「今生今世只愛妳」，可是男人除了瘋狂追求女人時會說，婚後基本上與這句話絕緣。不是男人不再愛妳，而是他們回到了理智的生活狀態。

無數傾訴婚姻不幸的女人，從一開始都是錯誤地把婚姻當作了生活的「鐵飯碗」。爲了捧住「鐵飯碗」，她們費盡心機，唯恐失去，更怕被人搶走，所以會不停地追問男人：「是不是永遠愛著我？」

阿蕊發現老公的手機裡有一封曖昧的簡訊，是他的初戀女友傳來的，只有三個字：「我想你。」

阿蕊當場摔了老公的手機，扯爛了他的襯衫，砸破了家裡所有的玻璃器皿，然後披頭散髮的回

了娘家，臨走前還扔下兩個字——離婚！

其實阿蕊的老公跟初戀女友並沒什麼，只是一對落入了俗套的男女，多年以後重逢，死灰剛剛有點復燃的意思，就被發現了。阿蕊的老公心裡還是很內疚的，並且慶幸被發現了，在出軌的邊緣及時止步，於是百般賠不是，低聲下氣的去岳母家接阿蕊。

之前兩人也經常爲一些小事情吵架，每次阿蕊都會扔出那兩個字之後回娘家，她老公不去接個幾次絕不回來，都已經成習慣了，她老公也早就煩了，可是還得接。但這次，阿蕊鬧得有點大了，不管怎麼解釋，就是不肯回去。

終於，阿蕊的老公忍無可忍，摔門而去：「離就離，反正我也受夠了！」這下輪到阿蕊傻眼了：眞要離了，自己依靠誰去呀？形勢急轉直下，主動的變成被動，一哭二鬧三上吊全用上了，結果婚是沒離，阿蕊的地位卻發生了天翻地覆的變化，不敢再對老公表露出任何不滿，還得小心翼翼的伺候著。

可是越是這樣，老公越在心裡瞧不起她，做事也越來越無所顧忌，漸漸地，竟跟初戀女友成了眾所周知的情人。

視婚姻爲「鐵飯碗」，從潑婦到怨婦，這種女人永遠也無法享受到婚姻的美好，只能忍受婚姻的煎熬。在抓住「鐵飯碗」時，她們會肆無忌憚；在「鐵飯碗」即將破碎時，她們又會忍氣吞聲。

與其在婚姻中煎熬，倒不如從一開始就想明白，婚姻並非鐵飯碗，需要運用智慧去經營、維繫。有位女演員曾說過這樣的話：「結婚是爲了離婚。」這種說法固然不好聽，但卻代表了一種健康的心態。

離婚，是每對夫妻或者準備結婚的男女必須坦然面對的問題，是ＥＱ的重要組成部分。如果等到婚姻陷入不可救藥的地步時才去考慮離婚的問題，確實有些晚了。在結婚的時候，就該考慮到離婚的可能，只有這樣，才能理性地面對婚姻，生活也會更加從容、踏實。

好比說：睡到自然醒是最幸福的事。那麼，爲了醒得容易，不妨在睡覺的時候別拉窗簾，這樣，當妳某一天突然醒悟，現在的婚姻和男人已經不適合自己，就會比較容易放掉他，而不是把自己當作婚姻的受害者，抱著一顆怨婦的心自怨自憐，乞求他人的安慰和可憐。

女王攻略

婚姻並非鐵飯碗，需要運用智慧去經營維繫。在結婚的時候，就要考慮到離婚的可能，這樣才能理性地面對婚姻，在婚姻生活中也會過得從容、踏實。

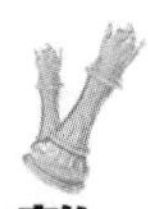

離婚是「愛的能力」的一種

不把婚姻當作鐵飯碗，做好離婚的心理準備，這也是「愛的能力」的表現。女人希望愛情總是在路上，一路走一路情意綿綿；可是萬一走著走著有了分歧，不得不分手時，就需要有「愛的能力」。現代人喜歡用「ＥＱ高手」形容善於建立交際圈、爲自己創造空間的人，這種人在處理婚姻問題上也是一等一的高手。

看看身邊那些一塌糊塗的婚姻，夫妻雙方無一例外都是ＥＱ低能兒。被譽爲ＥＱ之父的丹尼爾．戈爾曼在《情感智商》一書中，提出了ＥＱ的概念。ＥＱ包括了自制、熱忱、堅持、自我驅動、自我鞭策的能力。比如說，沒完沒了的抱怨、嘮叨，只能消耗力氣而不會有任何結果，對解決問題毫無用處，又很難使人感覺好受些。可是，現實中又有幾個女人能夠認識到這一點呢？

不要以爲第三者才是婚姻殺手，婚姻破裂的眞相是由於夫妻雙方的平衡被打破。沒有第三者的婚姻一樣很脆弱。當彼此的關係失衡時，就需要即時調整；當彼此的關係難以爲繼時，則應該控制情緒，選擇明智地分手。

婷婷和老公鬧離婚，因爲老公有了外遇，她吵了鬧了都無濟於事。一氣之下，她以其人之道還治其人之身，與公司的男同事鬧出緋聞，傳的滿城風雨。老公氣瘋了，她卻理直氣壯：「我就是要讓你嚐嚐這種滋味！」

老公沒有因此悔過，原本的一絲愧疚也蕩然無存，堅決要求離婚。而此時，家人的天平一邊倒，所有人都站在老公那一邊。婷婷大呼「不公」，與家人據理力爭：「憑什麼他出軌你們都勸我原諒他，而我出軌就不可原諒？」

這就是現實。對於男女的外遇問題，很多人會實行雙重標準。特別是一個女人爲了報復男人而選擇外遇，只能說是最失敗、最愚蠢的舉動，這會導致婚姻再也沒有挽回的餘地。這樣的女人，原本還有勝算，卻一念之差將男人拱手讓給了情敵。

採取以毒攻毒的方法，只能毒殺自己的婚姻。如今，婚姻關係越來越脆弱，婚外情已不是稀罕事，許多女人總愛討論男人的外遇，也總是勸說那些受傷的女人：「別慌，男人就像孩子，貪玩不回家，要想法子哄他，等回到家，再關上門收拾他！」

這是一種聰明的態度，而且處變不驚，不爭乃爭，也是情場中十分了得的兵法。有種說法是：小三不怕咆哮如雷的悍婦，也不怕哭哭啼啼的怨婦，最怕臨危不亂的貴婦。

張幼儀是詩人徐志摩的髮妻。他們屬於「包辦婚姻」，從婚前到婚後，徐志摩一直不喜歡張幼儀，第一次見到張幼儀的照片時，便撇著嘴角以嫌棄的口吻說：「鄉下土包子！」婚後的夫妻生活並不幸福，可以說很不搭調。後來，徐志摩喜歡上了林徽音，一九二二年，在張幼儀懷著第二個孩子的時候，徐志摩提出了離婚。丈夫眼中的土包子張幼儀什麼也沒說，毅然同意了離婚。

張幼儀離開徐志摩後，帶著兩個孩子開始了新生活。這位來自中國鄉下的婦女，在德國一邊工作一邊學習，掌握了流利的德語，並以嚴謹的工作作風，找到了自信和人生的新起點。就連徐志摩在提到她時，也不得不說：「她是個有志氣有膽量的女子，她現在眞的『什麼都不怕』。」張幼儀將自己的人生分爲「去德國前」和「去德國後」，實際上也是指離婚前和離婚後，之前她凡事都怕；之後，變得一無所懼。

這就是離婚的力量，也是懂得愛的女人所做的選擇，不是不愛，而是愛得更開闊。張幼儀令人尊敬，也因此度過了豐富的、值得留戀的一生。

女王攻略

如果遇上合適的男人，請好好珍惜你們的緣分；如果遇不到，也請好好地解決矛盾，這是一種能力，也是一種技巧，要避免讓離婚帶來更多的傷害。

從不愛的婚姻裡走出來，就是解放

張幼儀從不合適的婚姻裡走出來，獲得了新生，也解放了徐志摩。與他們同時代同樣感人的情感故事主角，還有瞿秋白、楊之華和沈劍龍三人。楊之華與沈劍龍奉父母之命成婚，卻不幸福。這時瞿秋白喜歡上了楊之華，他認爲既然楊、沈兩人感情已經無法修補，就該重新尋找眞正的靈魂伴侶。他跟沈劍龍談判，最終三人達成共識，並在當年的《民國日報》發表啓示：第一，沈、楊兩人即日解除婚姻關係；第二，瞿、楊兩人即日建立婚姻關係；第三，瞿、沈兩人即日起結爲朋友關係。

沒有吵鬧，沒有怨恨，八十多年前的三個年輕人用這種特殊的方式向世人證明，與其在沒有愛的婚姻裡痛苦掙扎，不如揮揮衣袖解放自我。

董小薇與老公是大學同學，婚後透過努力過著豐衣足食的生活，並生育一子。今年兒子十二歲了，學習成績優異。在外人眼裡，董小薇的日子相當不錯，不少人誇她有福氣。

可是，端午節那天，老公對董小薇的一番坦白，讓她陷入深深的痛苦中。老公對她講自己有了外遇，那個女人逼他離婚，糾纏不休，他擺脫不了。早在九年前，老公就與女網友發生過一夜情，沒想到如今故技重施，眞是令人傷心。

更令董小薇無法接受的是，透過與老公的深入交流，她才知道這幾年來老公利用網路聊天，結

識了很多女人，平均每年都有十多次開房間的紀錄，有些女人維持兩三年，有些女人一夜情。

董小薇簡直要瘋了，她的天塌了，不知道自己活著還有什麼意義。她想離婚，可是又擔心兒子。家裡人都勸她冷靜，再給老公一次機會。老公也是苦苦哀求，求她原諒自己，給他重新做人的機會。

董小薇怎麼會相信老公的話？她很想離婚，九年前老公出軌時，他們已經做了夫妻財產分別制，離婚後財產歸她所有。然而，一想到十多年的夫妻感情，再加上無辜的兒子，她就心軟了。而且，她想自己已經三十八歲了，以後的路該如何走下去，她一點把握也沒有。

離婚不是錯，錯就錯在選擇了錯誤的思考角度。不妨換個角度想想：三十八歲的職業女性，事業有成，正是一個女人最具魅力的時光。而且離婚後有房有車，生活無憂，兒子已經十二歲，懂事，又喜歡學習，已經度過了養兒最艱辛的階段，沒有生育和養育的壓力。

這樣的一個女人，離了婚，足可以過得開心而瀟灑，不僅天不會塌下來，而且未來的道路上將有更絢爛多彩的風景供妳欣賞。

離開的，是背叛妳欺騙妳的人和生活。一個反覆出軌、輕易發誓的男人，沒什麼值得留戀；一段千瘡百孔、傷痕累累的婚姻，拋棄了就是解脫。而從放棄中將會獲得未來幸福的種種可能，爲什麼不去試試？

當年，英格麗·褒曼與羅塞里尼相戀並生下一對雙胞胎女兒，飽受世人非議並被好萊塢拒之門外。蕭伯納知道後，鼓勵她說：「上帝要成就一個偉大的女演員，必會讓她受到挫折。」關於婚姻的挫折，沒有誰對誰錯，有緣時什麼都好，緣盡時一切灰飛煙滅。所以，不要害怕，也不要怨恨，大膽地愛妳所愛，離妳所離，解放自己，才能尋求更好的未來。

女王攻略

與其在沒有愛的婚姻裡痛苦掙扎，不如揮揮衣袖解放自我。離開的，是背叛妳欺騙妳的人和生活。一個反覆出軌、輕易發誓的男人，沒什麼值得留戀；一段千瘡百孔、傷痕累累的婚姻，拋棄了就是解脫。而從放棄中將會獲得未來幸福的種種可能，為什麼不去試試？關於婚姻的挫折，沒有誰對誰錯，有緣時什麼都好，緣盡時一切灰飛煙滅。所以，不要害怕，也不要怨恨，大膽地愛妳所愛，離妳所離，解放自己，才能尋求更好的未來。

第四章

Chapter 4

怨婦加劇不滿，女王化解矛盾

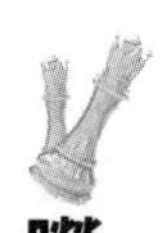

嘮叨和抱怨是家庭的第一殺手

有個笑話講：一位先生看著自己的妻子炒菜，站在一邊不停地指手畫腳：「慢些！」、「小心！火太大了。」、「油放多了！」、「快，快把豆腐整平！」、「快鏟起來！」

妻子不耐煩了，脫口而出：「我懂得怎樣炒菜。」

「妳當然懂，太太，」先生平靜地答道：「我只是要讓妳知道，我在開車時，妳在旁邊喋喋不休，我的感覺如何。」

女人在家庭中扮演什麼角色？隨著時間推移，年齡增長，女人在家中會越來越愛嘮叨，似乎對什麼事情都不放心，孩子的學習、老公的工作、親人之間的交往，沒有一樣讓她不掛心，不惦念。

這也罷了，她們還會發表各種「高見」，對不合心意的人和事抱怨不止。要不就是追著男人問「十萬個爲什麼」，就會是抱怨老公不夠體貼，或者是逼著老公做這做那，甚至是拿著老公與這人那人比較。總之，她們喜歡抱怨，討厭老公充耳不聞，但她們自己卻從來不是善於傾聽的人。

有人統計，女人說話的時間是男人的幾倍。

她們對著丈夫滔滔不絕，無所不談，恨不能一刻不停。可憐的男人不但要聽，還不能說話，以免打斷女人的話。這種局面久了，再愛妳的男人也會厭倦。

朋友的妻子很愛攀比，她看見艾麗穿著一身新裝，立即對著老公叫起來：「跟你這麼多年了，連件像樣的衣服都沒有，你看人家艾麗，天天都有新衣服穿！還有隔壁的吳太太，人家的老公每週給她買一次新衣服，眞是讓人羨慕。」

聽著她絮絮叨叨，朋友陰沉著臉，轉過頭來與人閒聊，假裝什麼也沒聽見。

好不容易等她穿戴整齊，他們來到院子裡的車子旁，朋友的妻子眉頭又是一皺：「艾麗，你們又買新車了？你們可眞闊氣，瞧瞧我們那輛破車，我看著它就氣。」她說時回頭瞅一眼丈夫，「眞是人比人得死，車比車得扔。」

朋友的臉色更難看了。艾麗趕緊打圓場：「老公是人，不是東西，怎麼可以隨便拿來比呢？咱們還是趕緊走吧。」

坐上車子的瞬間，朋友的妻子又說了一句話：「艾麗，妳聽說了嗎？陳太太家剛買了別墅，邀請咱們一起去玩。要我說，咱們都是一樣的女人，可是妳看看人家的老公，一個比一個有本事，再看看自己的老公，眞是沒辦法過活，我……」

沒等她說完，朋友打開車門，頭也不回地走了。

朋友的妻子依然不服氣地叫嚷著：「沒本事就是沒本事，還耍什麼脾氣！」

這就是世上最常見的傻女人，喜歡攀比，喜歡抱怨，不給老公面子。她們永遠也搞不懂，男人

的自尊很可怕，他可以不在乎一切，但受不了最愛的人一句譏諷。即使感情再深，也不要傷害他的自尊，無論在別人面前還是獨處，傷害就是傷害，會產生無法挽回的可怕後果。

不是每個男人都是比爾・蓋茲，不要指望他一會送妳玫瑰，一會又為妳買車買房。每個男人都是特殊的，都有自己獨特的地方，不要說他不如人家浪漫，不要在他面前羨慕人家的成功，更不要在他朋友面前抱怨他無能。愛的方式不同，人生的追求不一樣，每個人的才能有差異，除非妳死心要嫁給那個「人家」，否則就是自討苦吃。

可惜的是，很多女人一方面並不知道自己已經傷害了男人的自尊；一方面嘮叨和抱怨的結果，不是自己失衡，就是家庭失和。

伍特說：「婚姻的成功，那不只是尋找一個適當的人，而是自己該如何做一個適當的人。」女人，少一句抱怨，不再嘮叨，學會傾聽，家庭生活將隨之改觀。

狄斯瑞利三十五歲時，向年長自己十五歲的寡婦瑪麗安求婚。誰都知道，這不是愛情，他不過是看上了寡婦的金錢。瑪麗安已過半百，熟諳人情世事，自然清楚這位求婚者的眞實目的，但她還是與他結婚了。

瑪麗安既不年輕也不漂亮，學識淺薄，衣著古怪，不懂家事，經常說錯話，總之，女人該有的缺點她似乎都具備了。可是有一樣她卻是天才，她懂得如何吸引自己的老公，維護自己的家庭。她從不讓自己所想與老公的意見相反，每當狄斯瑞利疲憊不堪地回到家後，她都會給他一個安靜的休息。沒有盤問，沒有嘮叨，沒有指教，沒有批評，只有相敬如賓的氣氛，和靜靜休息的地方。

每當狄斯瑞利從眾議院匆匆回來，向她講述白天所見、所聽時，她都會微笑著傾聽，並對他表示出完全的支持。她支持自己的老公，凡是他努力所做，她絕不相信會失敗；凡是他所愛好，她絕不會表示反感。兩人共同度過了三十年美好歲月，狄斯瑞利被瑪麗安深深迷住，把她視爲心中的英雄，陳請女皇陛下授予她貴族稱號。

想成爲男人心目中的女王，就是這麼簡單——少說多聽。從根本上說，男人和女人的腦部結構不同，女人的大腦中感情中樞與語言中樞緊鄰，所以她們可以順暢地表達感情，喜歡傾訴。相反，男人的感情中樞與語言中樞分開，所以他們往往有愛說不出。因此，不要輕易地把語言交流的多少和你們之間的親密程度混爲一談。

還有，除了感情，男人需要傾訴的話語並不少，如何讓他們在妳跟前說話，如何保持他傾訴的慾望，才是妳學會傾聽的關鍵環節。

女人，從現在開始，試著少一句抱怨，不再嘮叨，試著學會傾聽，那麼，不久妳的家庭生活將隨之改觀。如何讓男人在妳跟前說話，如何保持他傾訴的慾望，才是妳學會傾聽的關鍵環節。

怨婦讓家人活在不滿中

怨婦的嘮叨不只傷害男人，還會波及其他無辜的家人，讓全家生活在不滿之中，看不到陽光，得不到快樂。

敏敏最近有些煩，與男友高健交往一年多，第一次見到未來的婆婆，不但沒有收到見面禮，還領教了婆婆的厲害。

到了晚上，婆婆開始跟她「算帳」，嘮叨兒子這一年花了多少錢，賺了多少錢。算來算去，就是告訴敏敏他們兩人花錢太多，照這樣下去他們一輩子也賺不到幾個錢。

接著，婆婆又開始抱怨敏敏的衣服太兇，兒子的太少，都沒什麼可穿的。

這讓敏敏很生氣，她是買了不少衣服，可絕不是亂花錢的人。婆婆這樣算帳，讓她無法接受。

好在婆媳兩人還有意見一致的時候，這就是她們都反對高健迷戀電玩遊戲，可是浪費了不少口舌，卻沒有效果。令敏敏想不到的是，婆婆這時給她出主意，讓她離家出走幾天，嚇唬嚇唬高健。敏敏聽了，頓時發愣。

不知道是敏敏沒有遵從婆婆的「教導」，還是什麼其他原因，一天晚飯後大家看電視，婆婆輕描淡寫地說了一句：「在我們那呀，就是不缺女人，像我這樣的，早都抱孫子啦。」

一而再的摩擦，敏敏覺得自己實在無法承受，現在的她矛盾極了，一方面捨不下男友，一方面想到與這樣的婆婆在一起，眞是痛苦。思來想去，她再也享受不到戀愛的歡樂，反而整天鬱悶傷心。

不用說，敏敏的男友也好過不到哪裡去，他既要體諒媽媽的「好意」，還要照顧敏敏的情緒，眞恨不能分身有術，做個雙面人。而且，他不得不考慮一個問題，戀愛會不會開花結果？造成這種痛苦的根源，自然來自那位愛挑剔的婆婆。

這位婆婆讓全家人都活在不滿之中，還自以爲聰明能幹、未卜先知。試想一下，如果兒子的婚戀因她告終，她又該做何解釋？

很多時候，女人對家人給予了過高期望，一旦發現家人的行爲與想像不符，就會感到無所適從，甚至後悔。於是不惜一切代價地去發表看法，試圖轉變家人的觀念，爲此怨天尤人，將不滿的情緒擴散開去，影響深遠。

由於怨婦看不到事情光明的、美好的一面，總是從陰暗的、消極的一面考慮問題，當然無法帶動家人積極地面對生活。

其實，做爲婚姻中的女人，必須明白自己的位置，妳是家庭的核心，不僅是男人的妻子，更是孩子的母親，理應忠心地呵護全家，做家人的指路明燈。如果做不到這一點，也要盡量地點燃自己的亮點，照亮家人和未來的生活。

女人不要丟失了母性情懷。不管男人還是孩子，他們都需要妳寬容的心懷，希望妳能原諒他們的錯誤，給他們改錯的機會。懂得原諒是一種智慧，有了原諒的家庭才是穩固的、充滿愛心的。母性情懷還有嚴厲的成分，有監督的義務，必要時召喚他們迷途知返，回頭是岸。

女人還要保持一份孩子心，用這份心情調節生活，讓生活變得輕鬆，讓快樂變得簡單，讓家庭變得美好。做好家庭的「管家婆」、「半邊天」，無論貧賤、富貴，不離不棄。

大家都認爲潘女士是個特別有辦法的人，不管是情感問題、子女教育問題、理財問題，還有其他別的家庭問題，都會跑去問她。而她不急不煩，樂於爲大家排憂解難。

談到自己，潘女士總是說：「我只是一個特別好的傾聽者。」之所以有了這樣的見解，在於她注重內心的修練。她很樂於接受美好的事物，同時，她還是各大電影院的常客，不管有了什麼電影，都會帶著老公、女兒火速前往。

所謂「獨樂樂不如眾樂樂」，雖然家裡的音響與電影院不相上下，可是在電影院中，體驗和家人、眾人在一起開懷大笑、輕聲嘆息的那種氛圍，實在無法言說。

當然也許有人會說，女人生來也不都是爲了男人，爲了家庭的。但是，做爲女人誰不渴望家庭幸福，愛情長久？所以，從自身做起，用全部心思熱愛家庭，呵護全家，是女人永遠都不會後悔的事。

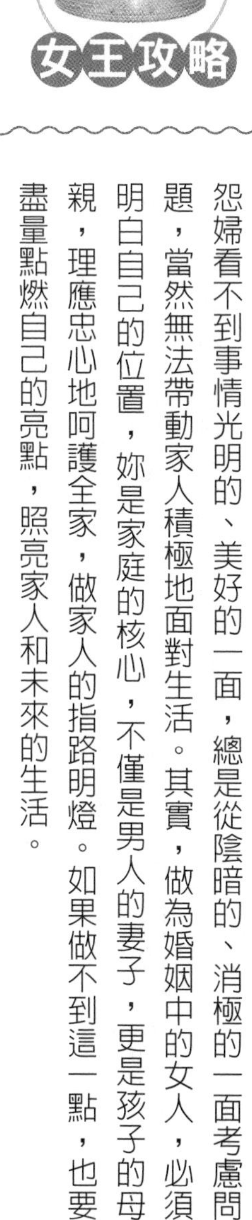

怨婦媽媽與自卑寶寶

一次，一個親子節目推出的角色互換小遊戲，讓怨婦媽媽理解「壞」兒子的行爲，在處理家庭問題上開了竅。

據媽媽介紹，她一家三口與公婆同住，她與公婆的關係長期不睦，和老公也是三天一吵，兩天一鬧。如今，令她萬分著急的是，兒子已經十六歲了，不去學校讀書，她一張口，兒子就要她閉嘴，聽她一講話就特別反感。

這位媽媽非常痛苦，卻又不知道怎麼辦。節目主持人聽了她的訴說後，爲她設計了一個小遊戲，內容爲：由她扮演自己十六歲的兒子，而請另一位女嘉賓扮演她本人。遊戲開始了，女嘉賓扮

演的媽媽坐在地上，一邊抹眼淚一邊哭訴：「兒子，你知道媽媽過的是什麼日子嗎？你爺爺奶奶待我不好，你爸爸又成天不在家。你說你怎麼就不好好上學呢？你可是媽媽我唯一的希望啊。……」

沒等她說完，由媽媽扮演的「兒子」一百個不耐煩地打斷她：「煩死了，又跟我說這些，別說了。」

……

遊戲結束，這位媽媽心有感觸地說：「我知道了，知道兒子爲什麼不理我了。他還是個孩子，我卻把壓力都給他，他也沒辦法啊。」

俗話說：孩子是媽媽的心頭肉。沒有一個女人不心疼自己的孩子，可是缺乏足夠的信心，缺乏生活的技巧，愛，將會變成一種傷害。比如上面提到的媽媽，在家庭生活中扮演標準的怨婦角色，看誰都不順眼，與誰都不能和諧共處，給孩子造成無形的壓力，導致孩子心靈受傷，不能正常地與人交往，漸漸地養成自卑的性格，休學也就是自然而然的事了。

媽媽對孩子的影響是無可取代的。一位怨婦型媽媽，或者喜歡抱怨，或者喜歡攀比，或者喜歡嘮叨，或者動輒哭哭啼啼，都會給孩子的成長帶來深遠而無法彌補的影響。比如沒完沒了的咆哮，數落某個人的不是，那麼孩子也會學到這種方式，他會戴上媽媽的「有色眼鏡」去評價眼前的這個人，久而久之，會習慣以一種挑剔、敵對的態度去面對更多人。

太多媽媽喜歡嘮叨，尤其是針對孩子的錯誤或者某項要求時，殊不知，反覆多次地「強調」往往適得其反，每個孩子都有一定的叛逆心理，對冗長乏味的話語產生抗拒和反感。

還有些媽媽喜歡拿自己的孩子與別的孩子比較，這與拿自己的老公跟他人比較是同一個道理。這些媽媽由於不滿意自己的現狀，希望從孩子身上實現自我價値，可是她們不瞭解孩子的個性差異，也不清楚自己的標準是什麼，於是乎，就從其他孩子身上發現自己孩子所不具備的優點，覺得這就是好孩子的標準。這樣一來，一旦孩子在某些方面不夠完美，這類媽媽就會加劇焦慮害怕，結果帶來更大麻煩。

孩子因爲在成長中經常被否定，經常被關注到不夠好的地方，備受指責，就會失去自信，養成一種自卑的人格，認爲自己事事處處不如別人，而且對他人產生敵意，甚至有一些攻擊行爲。

總之，怨婦型媽媽給孩子帶來的災難十分深重。所以，女人做了媽媽，就要想方設法走出怨婦情結，做一個健康陽光的媽媽，學會緩解內心的壓力和焦慮，而不是轉移到孩子身上。孩子不僅僅是媽媽生命的延續和補充，也是獨立的個體，媽媽要學會瞭解和尊重孩子，鼓勵孩子，助其完成心理上的「分娩」。

有一位女演員經歷兩次失敗的婚姻後，沉寂了很長時間。後來，她意識到做爲孩子的母親，做爲公眾人物，必須花時間打理好情緒，才能出現在大家面前，才能給孩子積極健康的影響。於是她對著鏡子告訴自己：「妳已經離婚了，如今是一位單親媽媽，必須對自己和孩子負責，做好自己的女主角。」

此後，她每天對著鏡子練習微笑。一開始，她自己也感覺到笑不由衷，不過一想到孩子可愛淘氣的樣子，她的笑終於發自內心了。當她確認自己可以重回演藝圈時，她給朋友和製片人打電話，要求接拍影視劇。她每天把自己打扮的漂漂亮亮，和同事們研讀劇本。一有空閒，她就陪著孩子玩耍。晚上，直到孩子睡著，才和朋友們一起聚餐活動，將生活安排的十分充實。

慢慢地，她從離婚的傷痛中走了出來。她燦爛的笑容，自信的目光，不僅給孩子力量和溫暖，也讓擔心她的觀眾和朋友倍感欣慰。

沒有哀怨，沒有自暴自棄，以微笑面對婚姻的不幸，重燃生活的激情，這樣的媽媽會讓孩子感受到什麼是堅強，什麼是自信，什麼是快樂。這樣的媽媽，也必將是孩子心目中的偶像，在成長路上主動化解各種難題，勇於克服挫折，追求健康光明的人生。

女王攻略

怨婦型媽媽喜歡抱怨、攀比、嘮叨，或者動輒哭哭啼啼，這些都會給孩子的成長帶來負面影響。女人做了媽媽，就要想方設法走出怨婦情結，學會緩解內心的壓力和焦慮，而不是轉移到孩子身上。孩子不僅僅是媽媽生命的延續和補充，也是獨立的個體，身為母親要學會瞭解和尊重孩子，鼓勵孩子，幫助孩子完成心理上的「分娩」。

回憶越多的女人幸福越少

歌手王菲在《棋子》中唱著：「我像是一顆棋子，來去全不由自己，舉手無回你從不曾猶豫，我卻受控在你手裡。」不難聽出歌聲怨氣彌漫，男人轉身離去，女人卻要跟愛情玩命地糾纏到底。這樣的怨婦之怨，在於無法走出曾經的感情，沉浸在過去的回憶之中。

人們都在追求幸福，卻往往不知道幸福在哪裡。

女人的記性較好，在婚後，總在回憶戀愛時的甜言蜜語，認爲幸福在過去。女人在病中，喜歡回憶健康時的多彩生活，認爲幸福在過去。女人老了，不住唸叨年輕時容貌多麼美麗，還是覺得幸福在過去。其結果，回憶越多，幸福越少。

女人，天性脆弱，不願意面對現實，尤其是生活中遭遇挫折或不如意時，這是她們喜歡回憶的根源。

過去也許眞的很美好，但是，誰也不能回到過去。五十歲的女人不僅是他人的妻子，還是他人的母親，甚至祖母，這時候還要擁有二十歲時的天眞浪漫，無憂無慮，絕非幸福之事。

過去永遠已經過去，只能偶爾拿出來回味，不能永遠沉浸在回憶裡無法自拔。

一對三十歲左右的夫婦，妻子被嬌寵慣了，每次吵架，非要男人主動認錯，還常常拿出戀愛時的山盟海誓威脅男人，說：「你變了，你不愛我了。」每每如此，男人都顯得很無辜，也很無奈。

轉眼間，他們的兒子五歲了，那天，一家人興高采烈地去郊外旅行。男人忽然接到一個電話，是新來的女同事打來的，向他請教工作上的問題。男人很熱心地爲她解答，女人不高興了，拂袖而去。男人知道她多心，連忙關掉電話，追上去。她反而更來勁了，吃醋地問：「不會是情人吧？」

男人有些生氣，轉身坐在涼亭上翻看一本帶來的書。女人暗暗委屈，悶頭坐了一會，等待男人前來道歉。可是男人沒動。她受不了了，走過去說：「你陪兒子玩吧，我回家了。」說完頭也不回地走了。其實她不是眞心想走，她要男人低頭在她耳邊說一聲「我愛妳」。然而，這次男人沒有這麼做。

五歲的兒子看見媽媽走了，一邊跑一邊叫媽媽。街上車水馬龍，人聲嘈雜，他們誰也沒有聽到兒子的叫聲。就聽一聲驚呼，可愛的兒子被車撞倒了。

轉瞬間，曾經的相愛和歡樂隨著兒子而去。誰也無法承受生命中不可承受的重壓，他們只好分手。

幸福，既簡單，又深刻。記性太好的女人太認眞了，把戀愛時的山盟海誓當成永恆，卻不知男人的個性與女人不同。婚前，男人著重在於追求的樂趣，少不了花前月下、山盟海誓。婚後，他認爲大局已定，人生中還有很多事情要做，會將重心放於事業上、建設家庭上。太多的浪漫已經沒必要了，他只是盡量照顧女人。此時，如果女人因此對男人揪著不放，動不動就搬出來嚇唬男人，會令丈夫非常疲累。

聰明的女人從來不是記憶大王。選擇性遺忘，是她們擁有幸福的秘訣。不僅如此，不該記住的她們從來不記。

美國女法學家、最高法院法官露絲．巴德．金斯伯格婚禮的早晨，她未來的婆婆將一副蠟做的耳塞放在她手裡說道：「我要給妳幾句忠告：在美滿婚姻中，有時裝聾作啞是大有好處的。」

不要刻意記住男人曾經的誓言，男人曾經的錯誤，更不要念念不忘生活中的不順、他人的傷害，常常清理自己的大腦，把不開心的事拋棄，把不喜歡的人放進黑名單，那麼妳就擁有了快樂和幸福。

魯迅先生筆下的祥林嫂本是生活的受害者，結果卻遭到世人的冷淡和嘲笑，原因就是她沉浸在往事的悲慘之中，見人就把自己的淒慘遭遇訴說一遍。人們從最初的同情，漸漸變得不耐煩了。

不要成爲祥林嫂，就學著忘記過去，不管過去曾經是美好還是悲慘，都是人生的一段經歷，從中沉澱出經驗和教訓，而不再重複，然後重新衝刺未來的日子，才是眞正地追求幸福之道。

周小文離婚三年了。

三年來，她一直在笑自己傻，放著快樂的日子不過，非要委曲求全的生活在那個花心男人身邊幹嘛呢，眞奇怪當初怎麼會忍受那麼久。

周小文不是個懦弱的女人，所以，在丈夫第二次出軌之後，忍無可忍，毋須再忍，離！必須離！儘快離！

幸虧自己沒做全職太太，婚後在經濟上一直是獨立的，沒落得淒淒慘慘的境地。經營著自己的書店，安靜閒適；每年給自己放兩次假，去喜歡的地方旅遊；定期做美容，去健身房健身；晚上跟朋友或是去酒吧或是去跳舞，日子過得好美好。

可笑的是，前夫居然找上門來，苦苦哀求她回去，就差雙膝跪地，說什麼我不能沒有妳之類。前夫碎碎唸個沒完沒了，淚流了滿臉，對她來說如同春風過驢耳。

打發走了前夫，周小文哈哈大笑，一想起前夫那灰頭土臉的樣子就忍俊不禁！窗外繁星點點，一杯藍山咖啡香氣撲鼻，一絲淺笑在她的唇角輕漾。

女王攻略

回憶越多，幸福越少。女人天性脆弱，不願意面對現實，尤其是生活中遭遇挫折或不如意時，這是她們喜歡回憶的根源。過去也許真的很美好，但是，誰也不能回到過去。與往事說「再見」，過好眼前的生活，這就是幸福。

女王永遠是一個快樂妻子

過好現在的日子就是幸福，然而怎樣才算「過好了」呢？

一位自認為幸福的女人，與新來的鄰居閒聊，她說：「我老公很顧家，孩子也聽話，公公婆婆身體硬朗，一家人和和睦睦，非常幸福。」

鄰居聽了，不以為然地問：「是嗎？妳說老公顧家，可是為什麼我看他週末跟朋友去釣魚，不在家陪妳？」

女人沒說什麼。

鄰居接著問：「妳孩子聽話，可是我聽說他在班裡成績中等，恐怕將來考不上明星大學吧？」

女人還是沉默。

鄰居又問了：「妳公公婆婆身體是不錯，可是大家都說他們偏心女兒女婿，難道妳不知道嗎？聽說他們一直資助女兒家的哦。」

女人依舊沉默。

過了一會，她突然爆發式地哭訴起來：「唉，我活了幾十年，今天才發現自己有多麼倒楣！」

佛云：一念成佛，一念成魔。一念之間，幸福灰飛煙滅，倒楣降臨心田。在這個世上，太多人像這位「鄰居」，喜歡從細微處去發現什麼是「幸福」，並認為這是聰明、是超越常人的表現。其

實，太聰明和自以爲是的人，不會享受到幸福。

幸福，絕不是一加一等於二的公式，沒有固定的模式和路徑。如果非要將生活的程式細化，那麼幸福就會被嚇跑。

看看身邊的幸福女人，莫不是糊塗一點。她們不知道自己哪裡幸福，這就對了，但凡能夠將幸福的理由一條條擺出來：隨便花錢、年輕漂亮、事業有成……這絕不是眞正的幸福，充其量，不過是貌似幸福的條件。

幸福快樂是一種心境，這種心境常常取決於一個人對生活的態度。有許多女人經常抱怨自己多麼多麼不幸，其實，幸福的女人都是一樣的，不幸的女人卻各有各的不幸。幸福快樂並無特別原因，僅僅因爲幸福而幸福。

沙特王宮曾經解聘了一位外籍女教師弗蘭西斯．霍勒，這本是一件平常事，卻由於解聘的原因，被傳的沸沸揚揚。弗蘭西斯是位敬業的教師，與小公主們度過了幾年快樂的時光，公主們都很喜歡她。

儘管弗蘭西斯已經離開了，小公主們還是念念不忘這位恩師。二〇〇一年耶誕節，她們一起給老師發了一封問候的郵件，信中說道：「妳還記得我們一起讀《安徒生童話》時問妳的問題嗎？我們傻乎乎的，眞是愚蠢至極，以致於造成今天的離別。」

這封郵件揭開了弗蘭西斯被解聘之謎。原來，在閱讀《安徒生童話》時，小公主們問弗蘭西斯：「誰的妻子最快樂？」

弗蘭西斯當時反問她們：「妳們認爲呢？」

七位小公主一起回答：「農夫的妻子最快樂！」

弗蘭西斯問：「難道國王的妻子、富翁的妻子、政治家的妻子、詩人的妻子不快樂嗎？」

「不快樂。」公主們再次齊聲回答。

「爲什麼？」弗蘭西斯繼續問。

七個公主答不上來了，但是她們說，在童話故事裡，沒有一個國王的妻子是快樂的，也沒有一個富翁的妻子是快樂的。

弗蘭西斯爲小公主們講解了其中的原因，告訴她們：「在這個世界上，只有眞正快樂的男人，才能帶給女人眞正的快樂。」不料這句話被人告密，弗蘭西斯因此遭到解聘。

快樂的男人很難得，快樂的妻子更難得。因爲太多女人不懂得滿足，她們總愛失望，以失望的眼神看待男人和世界，男人和世界只好讓她們失望。在這個一切向「錢」看的時代，女人們更難以擁有眞正的快樂，她們埋怨老公賺錢少，抱怨生活不夠奢侈，老是覺得他人跟自己過不去，一切都不如意。

女人，並非眞的無法快樂，而是失去了快樂的能力。

她們不會明白，其實每個男人都眞心希望能夠讓妻子幸福快樂。其一是因爲愛，其二是爲了證明自己的能力。沒有哪個男人願意家裡有一個滿腹委屈、成天抱怨不夠幸福的太太，每天看著太太的一張苦瓜臉，他就會想到自己多麼失敗，多麼無能。一旦這種情況突破男人的承受能力，他就會選擇逃避，不是公事繁忙必須加班，就是應酬難以脫身，總之，能拖就拖，能不回家就不回家。

如果把男人比作牛，女人是要當鬥牛士，還是一位悠閒快樂的小牧童？顯然，小牧童要比鬥牛士活的自在幸福。老公是拿來愛的，不是拿來「鬥」的，女人，有幸嫁給一位快樂的男人，就該分享他的快樂；不幸嫁給一位不懂快樂的男人，就該主動地與他一起尋找快樂。

羅斯福總統外出演講時，喜歡兒女們伴隨左右，因爲這樣可以減輕自己的壓力。

羅斯福夫人是位聰明的女性，爲了安排好丈夫的行程，她通常會讓孩子們輪流陪伴父親，幾乎每隔兩個星期換一次。這讓總統十分高興。每次旅途之中，他們一家人都會開開心心，發生許多家庭趣事，一路上笑聲不斷。正因爲此，羅斯福才能勝任繁重的工作。

幸福成功的婚姻，是建立每個家庭成員都能感受快樂的基礎上。做一個快樂的妻子，從點點滴滴的小事上爲家人創造幸福，其實，這些小事並不小。

古巴外交官約瑟勞爾．卡巴布蘭加先生是個很受歡迎的人，也是個頑固堅持自己想法的人。她的妻子奧佳．卡巴布蘭加夫人很認同丈夫的個性，同時也給丈夫帶來很多快樂。

所以，卡巴布蘭加先生有時候會放棄自己的看法取悅於她。

幸福快樂是一種心境，取決於一個人對生活的態度。幸福的女人都是一樣的，不幸的女人卻各有各的不幸。有幸嫁給一位快樂的男人，就該分享他的快樂；不幸嫁給一位不懂快樂的男人，就該主動地與他一起尋找快樂。

女王未必有愛情，但莫忘親情

有篇文章講了一位女孩子從荳蔻年華到雙鬢白髮的那些日子，沒有跌宕起伏的情節，也不是一波三折的愛情，只有很平凡很現實的日子，這篇文章的內容就像我們身邊很多女人的經歷一樣，眞實得有些乏味。女人，似乎沒有百轉千迴的愛情，就稱不上精彩，就算不上優秀，只能淪落爲可憐兮兮的怨婦。

其實，沒有愛情的女人，照樣可以活得漂亮，活得有意義。

林雨雯曾經有過一個幸福的四口之家，婆婆、老公還有女兒。夫妻倆上班，婆婆接送孩子做家務，除了上班，什麼心都不用操，很多人都說她是個有福之人，林雨雯自己也那麼認爲。

突然噩耗傳來，老公遭遇車禍驟然離世，連句遺言都沒留下；婆婆受不了老年喪子的打擊，中風癱瘓在床。一下子失去了兩個可依靠的肩膀，林雨雯幾近崩潰。可是婆婆在醫院，女兒還小，自己成了全家的支柱，自己要是垮了，老人和孩子就沒指望了。

處理好老公的後事，接回婆婆，從前從不染指的家務事成了下班後總也忙不完的事情。想起婆婆曾經對自己的好，林雨雯在老公的墓前下定決心，一定要照顧好老人和孩子。

於是每天晚上忙完了家務，坐在婆婆床前講一天當中遇到的有趣的事，漸漸的家裡又有了笑聲。

林雨雯翻出久已不拉的小提琴，拉琴成了每晚必備的功課，聽眾是一老一小。每次婆婆跟女兒都全神貫注的聽，然後熱烈的鼓掌，林雨雯學著像舞臺上那樣謝幕，一家人笑成一團。

一次拉完琴，女兒和婆婆卻沒鼓掌，就是那麼靜靜的盯著她看。女兒輕輕的說：「媽媽，妳眞好看！」林雨雯笑著摸了摸女兒的小腦袋說：「傻孩子，媽媽不漂亮，媽媽自己知道！」

「不，妳何止是漂亮，妳是別有韻味的美！」婆婆在一旁接道。

林雨雯眼裡熱熱的，一種無法言說的感動在心裡滿溢。

女人，可以沒有愛情，但絕不能忘記親情。親情，是滋養女人心靈的靈丹妙藥。

已經四十六歲的張曼玉在接受媒體採訪時坦露心跡：「年輕的時候排序是愛情、家人、事業、健康，現在覺得是家人最重要，然後愛情第三，事業第四。」張曼玉，這位娛樂圈的大姐大，才貌雙全的智慧女人，在名冠天下、歷經世俗的婚戀離別之後，發出這樣的感慨，確實是大徹大悟之語。

張曼玉曾是愛情至上的代表人物，說過「女人的成功是臨死前有愛人在身邊」這樣的愛情名言。可是浮華之後，看千帆過盡，她有了新的認識，愛情如同浮雲，而親情卻是支撐人生最堅強最溫暖的力量。

在這個世上，太多女人羨慕那些爲了愛情不顧一切的人，認爲那才是眞愛。其實，這種愛情好比一部電視劇華麗的序幕，至於其後的內容是否眞的好看，還有待進一步觀看。

《母女情深》講述了一對母女羅拉和艾瑪的故事。母女倆彼此深愛著對方，卻一直存在著隔閡和衝突，女兒艾瑪爲了擺脫母親的影響，用了三十年時間。直到臨終之際她才發現，自己對母親的親情無法讓她釋懷和割捨。

人生酸甜苦辣，親情是永恆的主題和依靠。所以，女人在愛情與親情衝突時，在顧慮放棄愛情還是拋下親情時，不要總是嫌棄父母嘮叨、短視、不懂自己，對父母的建議不以爲然，甚至堅決反對。事實告訴女人們，等到自己做了母親後，才驀然警覺父母當初的勸告和建議，是多麼正確、多麼值得採納。遺憾的是，懂事總在風雨後。明白了愛情與親情的關係，也已經付出了一生的代價。

聰明的女人，千萬不要忘記親情，時刻懂得尊重親情。巴爾札克早就說過：尊重是一道柵欄，既保護著父母，也保護著子女，使父母不用憂愁，使子女不用悔恨。

在當今社會，強調親情關係的民族莫過於韓國。看看每一部韓劇，都以善於刻畫家庭成員之間微妙的感情生活，尤其是婆媳之間的關係爲特長，深深地吸引著女性觀眾的目光。從中可以看到，多點體諒，多點溝通，一個家的和睦需要每一個人的時常付出和偶爾讓步。在各種親情關係中，「麻辣婆媳燙」從古至今都是重頭戲。常常聽到婆婆們抱怨兒媳婦不懂事、不孝順，也常常聽到兒媳婦怨恨婆婆太苛責、不疼人。她們之間往往呈現「冰火兩重天」的境地，互不相讓，鬥得兩敗俱傷。

不管是婆婆還是媳婦，她們也許忽視了一點：不管妳們之間差距如何大、矛盾如何深，可是妳們是因爲一個男人聚在一起，父母爲了兒子好，媳婦爲了老公好，既然這樣，還爭什麼？從現在開始，多一些交流，不要給自己後悔的機會。女人也許不知道，動輒就說「你媽媽怎麼著……」、「我比你媽強多了」的妻子讓丈夫望而生畏，要記住，永遠不要表現得比他媽媽還賢惠。

世界上有兩件事情不能等，一是「行善」，一是「行孝」。有人說擁有了足夠的金錢就去行善，可是多少錢才算足夠？有人說有了充足的時間就去行孝，可是哪個人不是一天二十四小時，這個時間不是妳說了算嗎？如果妳把與親人相處交流的時間列入自己的日程之中，當作自己的工作，妳會逐漸發現，這是一份很美的差事，「回報」超過妳以往的任何投資。

多數有悖於親情的愛情，雖然經歷了苦苦掙扎，拋棄了很多東西，可是結局一般不幸。大凡成全了親情的，愛情也會順理成章，皆大歡喜。愛情誠可貴，親情價更高。愛情，失去了還可以再生；親情，卻始終無法替代。為了愛情犧牲親情，終是人生一大憾事。再偉大的愛情，也抵擋不住歲月的侵蝕；而親情，會隨著時間流逝更加濃厚。

怨婦輸給自己，女王贏得人心

鄰居姑娘出嫁後，經常提著大包小包回來，人們以爲她孝敬父母，常說：「瞧，現在的年輕人還很有孝心。」可是不多久，姑娘與老公吵架跑回來了，一連幾個月都不肯回去。

有一天，她老公前去接她，她說：「我才不回你家呢。」

她老公很生氣地說：「妳嫁過去後，什麼東西都拿回這裡來，連我的刮鬍刀都拿走了。妳要明白，這不是妳的家了，妳和我才是一家人。」

早在兩千多年前，法學家韓非子就在著作中講述了一個類似故事。

有户人家的姑娘要出嫁了，一位好心人對姑娘的父母說：「女兒出嫁到了婆家，不一定能生兒子。要是生不出兒子，就有可能被婆家趕出來。所以要告訴你女兒，平日從婆家多偷些衣物、用具，把這些藏在外面，防備著一旦生不出兒子被婆家趕出來時，生活也好有著落。」

姑娘的父母覺得有道理，就讓女兒經常藏私房錢，還讓她把婆家的東西偷回娘家。一來二去，姑娘的公婆發現了這件事，經常責備她。責備越多，姑娘感到被休回娘家的危險性越大，於是，她變本加厲地偷藏東西。

後來，公婆覺得事情太嚴重了，沒有辦法，就對兒子說：「她做了我家的媳婦，卻又生外心，這樣的媳婦怎麼能要？」命令兒子把她休回娘家。兒子不敢違抗父母之命，就照做了。

姑娘的父母見此，不由更加佩服當初給他們出主意的「好心人」，覺得他有遠見。他們一起去告訴他女兒被休的事，還連聲感謝他的忠告。

幾乎所有人一眼就能看出，姑娘被休的眞正原因，恰恰是聽信了「好心人」的忠告，導致自己不能安心過日子，成爲家庭的背叛者。世上就是有那麼多「好心人」，也有那麼多樂於接受「忠告」的女人。她們爲了保護自己，防患於未然，覺得這是聰明的舉動。可是，生活需要付出，婚後，女人的身分變了，不只是父母的女兒，還是丈夫的妻子、公婆的兒媳、未來孩子的母親，做爲一個新的家庭成員，應該全身心投入自己的角色中。

害怕受傷而不敢付出，則無法承擔該負的責任。美國管理心理學家史華茲曾經說：「所有的『不幸事件』，都只有在我們認爲它不幸的情況下，才會眞正成爲不幸事件。」這種女人，龜縮在自己狹小的世界內，最後只會輸給自己。

智慧的女人向來有擔當，她們從不單方面索取，她們懂得：維護家人，就是維護自己；贏取人心，就是贏取幸福。

電話竊聽醜聞迫使傳媒大亨默多克出席英國議會聽證會，接受十名議員的集體質詢。會上，一名示威者拿出一個類似泡沫刮鬍膏盤子的東西砸向默多克。這一瞬間，他的妻子鄧文迪迅速躍起，第一時間抬手給襲擊者一巴掌。

這樣的鄧文迪，這樣的一巴掌，除了令世人震驚外，也讓世人重新審視這位超級有智慧的女人。從默默無聞的中國女孩，登頂傳媒帝國大廈頂端，除了智慧，還有勇氣，以及保護丈夫的愛和能力。這一巴掌，默多克應該感到寬慰，當年休掉髮妻另娶鄧文迪是多麼明智的選擇。

當然，鄧文迪不僅贏得丈夫的心，也爲近年來她與默多克的婚姻危機傳聞劃上了休止符。就是說，這段婚姻從開始被人們懷疑、指責，剎那間被認可了。默多克比鄧文迪年長三十八歲，而且兩人身分懸殊，他們走到一起，跌破多少人的眼鏡。

然而，勇敢的鄧文迪撐住了多方壓力，堅持走自己的路。結果，鄧文迪成功了，她的一巴掌更

讓人們看到了她鋼鐵一般的心，令人敬畏。這樣的女人，太適合嫁入豪門，太適合獲得公眾敬仰。她能夠經得起大風大浪，她能夠給家人安全感。

《茜茜公主》講過這樣一段故事：茜茜出遊時，看到一個男人揍妻子，就過去鞭打男子，替妻子出氣。不料，那位剛剛被打得淚流滿面的妻子馬上翻臉了，提起一桶水潑向茜茜——高貴的奧地利皇后。

這就是女人，她們維護自己的男人，就像保護自己的孩子。在全民敵對的情況下，她們也會站在老公的身後，而且充滿力量。什麼叫患難與共？什麼叫擋風遮雨？女人做到這些，就是給了身邊人安全和溫暖。這樣的女人永遠不會成爲怨婦，不會在逆境時哭泣流淚、毫無主張。她們有著強大的內心，超人的氣魄，從內而外散發出懾人的力量。這就是女王，擁有無人可敵的氣場，有本事在第一時間控制事態，贏取人心。

智慧的女人向來有擔當，她們從不單方面索取，她們懂得維護家人，就是維護自己；贏取人心，就是贏取幸福。她們能夠經得起大風大浪，能夠給家人安全感。她們維護自己的男人，就像保護自己的孩子。在全民敵對的情況下，她們也會站在老公的身後，而且充滿力量。

第五章

Chapter 5

怨婦為工作奔波，工作為女王服務

四等女人誰精彩

近來在中國大陸流行一句順口溜：一等女人永不成家，二等女人靠人養家，三等女人家外有家，四等女人下班回家。女人與「家」的關係，反射出女人的等級高低，這一說法是否準確呢？

永不成家的「一等女人」，必是那些收入不錯、令人羡慕的女強人或者都市白領貴族，由於事業繁忙，或者瞧不上身邊的庸男俗女，成了高高在上的孤家寡人。她們身邊不乏追求者，也完全有能力贏得男人的歡心，但是她們卻反過來以金錢或者物質去包養男人，視男人爲情感空虛的塡補者。

靠人養家的「二等女人」，簡單地說就是被人包養的金絲雀。她們虛榮心強，不甘於過平凡日子，以姿色迷惑有錢有勢的男人，過著浮華墮落的生活。

家外有家的「三等女人」，往往有著不和睦的婚姻，爲了尋求情感上的滿足和慰藉，不得不在外面尋找感情寄託。即使沒有金錢的因素攙和，這類女人的日子也是一波三折。

至於下班回家的「四等女人」，佔據女性數量的大半，她們的生活是家——公司——家，這是傳統意義上的女人，相夫教子、持家有道，或許沒有太多錢，但是對家庭和家人有著太多愛。如果沒有什麼意外發生，她們誓將婚姻進行到底。

四類等級的女人，到底誰更精彩？誰活得更漂亮？是爲工作事業奔忙不息的一等女人，還是靠人養活的二等女人？看起來，一等女人要錢有錢，事業成功，風光無限，可是無奈精神空虛、情感蒼白，說到底，身爲這類女人，怎一個「苦」字了得！這份「苦」源於心靈深處，無可解脫，早晚會將女人打入怨婦的深淵。

二等女人每日裡花枝招展，吃喝玩樂，似乎永遠都不會憂愁，沒有絲毫幽怨。然而這類女人背負道德的審判，被人鄙視，而且她們就像寄生的菟絲花，一旦寄主沒了，她們也就失去生命。身爲這類女人，怎一個「悲」了得！這份「悲」乃是生命之悲，碌碌紅塵，命運靠他人主宰，豈止是怨婦，終究會成爲悲劇。

娟兒小時候父母經常吵架，小小的女孩，經常蜷縮在角落裡瞪著驚恐的眼睛看父母撕打，卻無力改變什麼。後來父母離婚，娟兒跟著母親一起生活，爲了不給媽媽增添煩惱，她刻意的做個乖孩子，對媽媽的話言聽計從。

當她在媽媽的陪同下一次又一次的相親之後，終於其中一個得到媽媽的認可，沒想過什麼是愛情，乖乖的就結婚了。那個男人，大她十歲，長的老相，娟兒卻是個漂亮的女孩子。媽媽說，老男人才懂得心疼女人。

剛結婚的時候還是甜蜜的，老公很疼愛她，怕她累，讓她辭去工作在家專心做家庭主婦，還經常帶她一起出去玩。在遊玩的過程中，兩人不只一次被人誤會爲父女。特別是有一次遇到一個老

公的朋友，那個朋友上上下下打量了娟兒半天，看得她渾身不自在。末了，那人開了句玩笑，說：「這麼漂亮的太太還敢帶著滿世界跑，就不怕被人拐跑了？」從此，老公不再帶她出去，柔順的娟兒就聽話的待在家裡，偶爾上街買買衣服和生活用品。

可是，老公竟然越來越不放心，漸漸的開始禁止她出門，因爲出門就得跟陌生人打交道。到後來，每當老公出門，都會準備好足夠的生活用品，把娟兒鎖在屋子裡才會放心離開。

娟兒常常在晚上，站在六樓的陽臺上數星星，望著窗外的世界，她眞想從陽臺上跳下去，卻沒有勇氣。

沒有比失去自我生存能力更可怕的事了。不管是什麼原因，女人，都不要把自己當作他人的附屬品，任由他人擺佈。《紅樓夢》中的賈迎春，從小到大逆來順受，從不知道抗爭，結果只能「一載赴黃粱」。

女人如果將自己定位爲弱者，就永無翻身之日。

可見，位列一、二等的女人，其實並非眞的精彩，她們的苦衷只有自己清楚。與之相比，三等女人的難處顯而易見：婚姻不幸，婚外有情。怨婦命運是她們擺脫不掉的歸宿，「恨」字是她們常掛在嘴邊的話題。

還有四等女人，這類女人既要照顧家庭，還要照顧工作，每天勤勤懇懇工作，準時下班回家，做家務，撫養孩子，陪伴丈夫。在日益繁複喧囂的都市生活中，女人承受的壓力越來越多，朝九晚五的「緊箍咒」束縛身心，為了工作四處奔波、八面玲瓏。做一名女人難，做一名成功的四等女人更難。一不留神，這類女人就會進入怨婦之列，工作辛苦，老公無能，生活虧欠自己太多，總之，「怨」字不離左右。

所以，四類女人比拼的結果，並沒有眞正的勝者。她們都有自己的不足和缺憾，不過換種思路，規避自己的特色，主動調整家庭和事業的關係，掌握生活平衡法則，四類女人照樣會過的如魚得水，有模有樣。

首先，女人必須找到除了愛情之外，能讓自己雙腳堅強地站在大地上的東西。最實用最直接的東西應該是謀生的手段。就算嫁個好男人，也不排除「政變」的可能，到時候不至於沒人要了連自己都養活不了！

其次，要愛事業，更要愛家庭。雖然妳無法掌控生命的長度，但可以開拓它的廣度，盡最大努力讓生命的每一分鐘都精彩，無論家庭還是事業。

在家庭和事業之間遊走，如同走在一根險象環生的鋼絲繩上，走不好會很危險；走好了則是另一番天地。

找一個宣洩的途徑，減輕工作上的疲勞、焦慮，還有怨氣。不要把工作中的不滿帶回家，留出在工作和家以外的個性空間，可以是一條熱鬧的街道，也可以是一家雅致的茶館。這個空間，只屬

於個人，或者幾個貼心朋友。

把身心調整到最佳狀態，偶爾不回家，或者偶爾請個假，都是可以理解的。這樣的女人更有品味，更能理解這個世界，也更能獲得世界對她的肯定。

四類女人都有自己的不足和缺憾。如果能改變思路，規避自身的弱點，主動調整家庭和事業的關係，掌握生活的平衡法則，就都會過得順心又自在。

怨婦為自己領一張保險卡

尋找家庭和事業的平衡，是不是有一份還算可以的工作就行了？多數女人希望如此，因爲這就如同領了一張保險卡，不管做得怎樣，都有薪水收入，既能養活自己，還可以體體面面地與人交往。這個想法沒有錯，可是，態度決定一切，長期地糊弄工作，工作也會生妳的氣，也會把妳踢出局。

倩倩工作已有六年，工作還算認眞，沒有出過什麼差錯。這天早晨，她像往常一樣來到飯店，開始一天的工作。早晨陰雨綿綿，電話比平時少了許多。倩倩把昨天的幾份訂單存底重新裝訂成冊，然後回覆了兩份傳眞。她看看錶，時間才過去十分鐘。坐下來的倩倩覺得餓了，早晨走得匆忙，沒來得及吃飯。像往常一樣，她起身離開辦公室，外出吃早飯。

二十分鐘後，倩倩回來了，辦公室裡一切正常，似乎什麼也沒發生。她照常工作。

然而，倩倩沒有想到的是，就在她離開的二十分鐘裡，美國一家國際公司打了兩次電話，無人接聽。他們本來準備在此地舉辦年會，預先選擇了三家飯店，其一就是她們的飯店。可惜的是，由於倩倩不在，電話無人接聽，他們第一輪就被淘汰了。

半個月後，美國公司在另一家飯店舉辦規模盛大的年會，邀請了很多世界知名人士。這一下，負責接待的飯店名聲大起。有了第一次愉快合作，美國公司接連在這家飯店舉辦了四屆年會。

由於這次疏忽，倩倩被飯店辭退。她一百個委屈，抱怨懲罰太重。可是站在飯店的利益想一想，她帶來了無法彌補的損失，這點懲罰不算什麼。爲工作抱怨的女人，往往是不負責任的女人。

工作是件負責任的事。耕雲先生有句名言：「活在責任和義務裡。」他提醒我們每個人都是社會的一份子，應該對社會負責；每個人也是家庭的一份子，也應該對家庭負責。那麼，每個職員都是公司的一份子，同樣要對工作負責。

工作不僅是一張保險卡，也是需要付出才有回報。負責任是女人魅力的表現。誰都擔心出錯，誰都下意識地希望自己不要犯錯，這是因爲誰也不想承擔責任。可是，錯誤不可避免，責任總要有人去擔。不要以爲垃圾桶離自己遠，就可以把冰棒隨地亂扔。能夠對自己的言行負責，對自己的過錯負責，說明她們能把握自己的行爲，做自己的主宰，她們是成熟的。

推脫責任的結果往往有兩種：一，證明妳是不可信任的；二，證明妳是自私的。兩種結果說明一點：妳還無法勝任這項工作。從這一點講，妳也不夠成熟。

成熟的女人不但爲自己負責，還勇於承擔上司和下屬的過錯，爲整個工作負責。替人擋駕，既能表現應有的風度，還會收攬人心、獲得人緣。相反，出了問題一躲八丈遠，唯恐惹火燒身，只能讓人瞧不起。

一次評選活動現場，邀請了許多名人擔任評審，其中一位評審是五十多歲的著名女藝人。評選開始了，這位女藝人很認眞地觀察每位選手，仔細地與其他評審商討選手的情況，並爲他們評分。

幾分鐘後，主持人宣佈結果。

讓評審們大吃一驚的是，結果居然不是他們選的那個！多數人不由想起黑箱操作之說，心想，這次比賽肯定有人在幕後做了手腳。

就在其他評審沉思間，那位女藝人突然站了起來，拿起麥克風說：「很抱歉，這個結果不是我們剛才評選的那個。」此言一出，全場皆驚。就聽女藝人繼續說：「選手們都是千辛萬苦地來比賽，到最後關頭卻是這樣的結果，我想他們會很委屈的。做爲評審，應該有自己的良知，我不想欺騙觀眾，不想做昧良心的事。」

這位女藝人的大膽舉動，正是她勇於爲工作負責的表現。尊重自己的工作，別人才會尊重妳。

工作也許不如愛情，無法讓妳心跳，但它會給妳帶來衣食住行，帶來尊嚴和榮耀。任何一個雙手插進口袋的人，都不會登上成功的梯子。永遠都不要敷衍、厭惡自己的工作，聚精會神，厭惡感自然會消失，樂觀、積極的心態會慢慢恢復。即使天塌下來，也要克制自己。有人說，對工作不忠心，等於自我貶低。

工作不僅是謀生的手段，也是磨礪自我、施展才能、釋放價值的最佳途徑，專注於工作的女性充滿活力和奇思妙想；而一個對待工作粗枝大葉、敷衍了事的女人，將永遠無法體驗到工作的樂趣，無法真正融入到事業中。

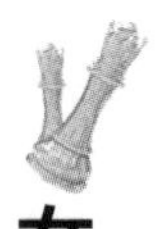

女王不做女強人，但要做強女人

英國女作家格林這樣提醒女人們：「一個女人應當具有三個方面的素質：一是如標槍一樣直；二是如蛇一樣柔軟；三是如虎一樣高傲。」這個標準不可謂不高，既要溫柔又要堅強，確實很難做到。

在這個世上，見多了耀武揚威的女強人，也見多了低眉順目、任人擺佈的小女子，卻很難見到既獨立自主又溫柔可人的美好女性。

說實話，一個女人絕不會輕易配得上「美好」二字，有了這樣的定義時，這個女人就具備了女王特質。

換句話說，女王絕不是人們想像中的女強人，而是一種有著非凡氣質和能量的強女人。女強人之強，往往有著某些負面的影響，所以見多了在工作中叱吒風雲的女性，生活卻一團糟，婚姻不幸，人緣差、個人情緒糟糕，生活品質極差，同事關係不睦，遭人非議……她們委屈、抱怨，不知道自己爲何遭到排斥，爲何活得不夠開心。

強人在古代漢語裡與「強盜」同義，本是個貶義詞。如今，冠以「女」字，還是給人不苟言笑、冷漠無情的工作狂形象。據調查，85%的女強人婚姻不幸；另一項調查顯示，男人最不願娶的十種女人中，女強人名列前茅。女強人幾乎成了「女怪物」的同義詞了。

可見，女強人之強，與女王氣質關係不大。那些端坐豪華辦公室，一邊打電話，一邊在文件上飛快簽名，指揮秘書做這做那的職業女性，看上去威風凜凜，到底有沒有與女王匹配的風度，卻很難說。

相反，眞正具有女王氣質的女人，是那些懂得爲自己營造強大氣場的人。做爲一個職業女性，要做強女人，而非女強人。強女人有明確的生活態度，足夠自立的生活能力，對婚姻和人生遊刃有餘的聰明智慧。在這個世上，女強人不是人人都能做的，而強女人卻人人可爲，只要有一顆足夠強勢的心。

自強但不爭強，是強女人區別女強人的根本。

李亦非女士雖然曾經入選《財富》雜誌年度五十位國際商界女強人，但她卻從不承認自己是女強人，也不是像女強人一樣的工作狂。她沒有因爲自己管理全球第一大傳媒公司的中國區業務，就放棄喜歡打扮、追求時尚這些女性特質。從一九九九年開始，她每每出現在公眾面前，都以精緻的妝容亮相。據說，這位忙碌的女主席每次前往不同國家，都跑去做一個當地最流行的髮型。

在工作上，李亦非身爲高層主管，常與老闆、客戶和員工們打交道，如何處理好這些關係，她有著獨特的見解，她認爲女性最應該具備的品格是善解人意，她說：「其他一切美好都從此衍生。」

李亦非懂得進取，也懂得適時妥協。當老闆或者客戶與她有不同想法時，她會試著說服，最終沒有達到自己的目標，也會欣然接受對方的決策。所以她一直有著清醒的定位。在長期工作經驗

中，她總結出這樣的經驗：「商業社會中沒有永遠獨贏的故事，每個人、每個企業都需要透過妥協獲得更大價值。」

因為有著這樣的心態，李亦非也有了足夠的耐心去工作。她曾驕傲地說：「傳媒領域的人有一個特點就是性子太急，但好在我們有足夠的耐心。」

在公司內，李亦非常開玩笑說，除了她最老外，其他人都年輕、時尚、酷。因此，李亦非深受員工們喜愛，認為她才是最FUN的老闆。這不僅因為李亦非風趣、幽默，還因為在一起工作時快樂開心的狀態。

李亦非沒有讓工作牽絆自己的生活。一回到家，她就變成圍著兒女轉的好媽媽，給老公做飯的好妻子。良好的家庭氛圍給了她平衡感，用她自己的話說：「如果我沒有這樣一個快樂幸福的家庭，工作壓力眞的會把我逼瘋。」

李亦非事業有成，家庭幸福，不愧是活得瀟灑漂亮的典範女性。在一次MTV音樂盛典上與謝霆鋒合照，她像個孩子一樣燦爛地笑著，而謝霆鋒一臉酷樣。比較之下，李亦非的女王氣場更顯突出。

眞正的女王就該透露著令人心悅誠服的氣息，而不是過度豪邁地想到什麼說什麼，意氣用事，更不是以氣勢淩人。否則，一切建立在虛名之上的名聲，只不過曇花一現。

說到底，現代職業女性最需要的是表裡不一，做到內強外弱。內強是心理上的獨立、事業上的進取、氣質上的自信；外弱則是與人相處時的忍讓，溝通時的技巧，以及心態上的樂觀和豁達。

女王不是人們想像中的女強人，而是有著非凡氣質和能量的強女人。強女人讓自己有滿足感、優越感，而女強人則會讓自己身心疲憊。自強但不爭強，是強女人區別女強人的根本。強女人有明確的生活態度，足夠自立的生活能力，對婚姻和人生遊刃有餘的聰明智慧。

公司不只是老闆的，更是自己的

有人說職場如戰場，這句話聽起來可怕，可是仔細推敲一下，也有一定道理和意義。不管是高層主管還是普通職員，入了職場，就該明白自己與公司有著息息相關的命運。公司是妳的船，可以載負妳前行，也有可能將妳沉入水底。

一句話，行走職場不能缺少敬業精神，公司不只是老闆的，更是自己的。

高貴如大英女王伊莉莎白一世，在位期間穩定了因教派內亂分裂的政局，帶領英格蘭成爲當時歐洲最強大的國家。這位眞正的女王終身未嫁，卻爲自己戴著一枚婚戒，表明嫁給了大英帝國。把

國家的命運與自己緊密相連，伊莉莎白一世的氣度與寬容，讓她成為英國歷史上最受歡迎與人民愛戴的君主。

事情就是這樣，每位女性要想晉升為職場女王，就要先擁有老闆心態，把公司當作自己的來經營。這不等於妳簽下了賣身契為公司賣命，而是妳經營工作的一個人生態度。

女性擔負家庭重任，往往視工作為生活的補充，不需要付出太多精力。而且她們還抱著多做多錯、少做少錯、能不做就不做的心態，覺得公司是老闆的，沒必要為他賣命，只要安分守己做好本職工作，足夠了。

這樣的女人比比皆是，所以庸庸碌碌的女職員也是數不勝數。她們在工作中毫無出色表現，還會抱怨老闆不重視自己，薪水太低，覺得公司虧欠自己太多。

曉茜最近剛剛調換了工作，從原來的接待處到了後勤區。這讓她很生氣，見人就說：「有人使壞，把我整到後勤部去了。」怨恨之氣非常大。熟悉的人聽了，一笑置之。大家明白，她只有33歲，還可以在接待處工作幾年，至於老闆為什麼把她調走，很簡單，從開始工作至今，曉茜從來沒有積極主動為公司負擔過什麼。相反，每日遲到早退、接送孩子、處理私事，是她的家常便飯。這當然會引起老闆和同事的不滿。

隨著公司業務增多，曉茜的工作量也增加了，可是薪水並沒有即時調整，她就又開始抱怨了，今天對這個同事抱怨：「做這麼多工作，給這點錢，太不像話了。」明天對那個上司訴苦：「工作太多了，做不過來。」一來二去，曉茜成爲了工作中的一塊絆腳石。不得已，上司只好把她調離。曉茜的抱怨更深了，可是有什麼用？

「誰人背後不說人」，發一兩句牢騷，抱怨一下工作的辛苦，是人之常情。可是只知道對工作和人事表示不滿和怨恨，就會很難與人相處，也不能順利地完成工作。這種情況下，加薪、晉升就都成了妄談。

職場中，女人的坦率令人欽佩，但是過分的坦露心跡就是一種危害，傷人又害己。這一切源於沒有正確的工作定位，只把自己當作了「打工女」，而沒有把自己與公司聯繫在一起。

一次，中國著名作家、企業家梁鳳儀女士去銀行辦理業務，接待她的職員漫不經心，非常沒有禮貌，讓她十分反感，忍不住追問：「妳怎麼用這種態度對待客户？」

那位女職員回答：「我已經離職了，爲什麼還要巴結客户？」

梁鳳儀大驚，急忙給銀行主管打電話。她不是爲了告狀，而是因爲銀行主管是她的朋友，她覺得有必要提醒對方：「應該叫那位離職的職員趕緊走，不要再起破壞作用。」

目光短淺，以爲離開某個機構就不必維護前雇主的名聲，卻想不到這種做法也會壞了自己的名聲，使自己在業內臭名遠揚，自絕門路。

要想成爲職場女王，不管在公司中做著什麼工作，不管薪水多低，也不管職位多渺小，眼光放遠些，從小做起，把公司當作培養自己的戰場，努力打好每一仗，做好每一天，即使離開了，也要維護它的名聲，那麼，輝煌就離妳不遠。

爲他人打工，實際是爲自己累積經驗，以這樣的心態去工作，做不好都難。打雜也好、跑腿也罷，如果在一家公司能參與行政、總務、人事、會計、業務等各項工作，說明妳在公司的作用非常之大，老闆缺不了妳。這樣一路做下去，好比打江山，公司壯大了，妳也會跟著得到最好的回報。

工作中常見到的糾紛是相互埋怨，怨同事、怨上司、怨風水、怨客戶，因爲怨別人更容易，更方便。有人的地方就是江湖，江湖就少不了紛爭，有了紛爭就需要排解，互相埋怨或者傾訴苦衷是一種方式，是可以理解的。不過，聰明的女人選擇聰明的方式，既能消除心中怨氣，還能更好地開展工作。

江美霞是公司財務人員，長得瘦小精幹，業務能力很強。她和別人一樣，也喜歡在閒暇時刻與同事們數落某某主管，交換被欺壓的心得。所謂一吐爲快，說完了心情大暢。不過她還有項本事，抱怨歸抱怨，說完了就完了。某某主管交代的事照做不誤，一絲不苟，也從不當面給對方難堪。她總是說：「給他個面子。」

江美霞的工作態度不知不覺影響到後來的員工，這些後來者仿效她，每每受了委屈，也會給自己打氣，權當給對方一個面子。天長日久，財務部門形成了一個共識，某某主管的臉越來越大了，雖然欠他們的越來越多，可是他們自我感覺自己的氣度越來越寬。看起來似乎吃了虧受了屈，私底下卻得意得很。

一味地抱怨沒有任何好處，把所有過錯推到別人身上，又有何益？可是當抱怨變成一種凝聚力，就大不一樣。這種自我解嘲式的抱怨法，讓人在發洩不滿的同時，還擴充自己的氣度，可謂一舉兩得。

要想晉升為職場女王，就要先擁有老闆心態，把公司當作自己的來經營。擁有了老闆心態的女人，不僅工作賣力，人際關係也會隨之改善。努力做好每一件事，每天都勤勤懇懇地工作，妳早晚會成為職場女王。

有野心的女人總有一天會成功

以老闆的心態笑傲職場，有野心的女人遲早會成功。

說到「野心」二字，女人似乎最不該沾染。長久以來，「有野心」並非褒義，如果形容一個人有雄心，他很會開心；如果說一個人有野心，就表示這個人佔有慾很強，心存妄想，像要搶走別人東西一樣。所以，說一個女人有野心，就顯得更加礙眼，好像這個女人有了非分之想。

然而，社會在進步，時代在改變。「她」曾是一個微不足道的字眼。十二世紀前，英文字典裡還沒有「ＳＨＥ」字。在中國，「她」字進入字典不過是近百年的事。可是，「她」字以出人意料的速度發展，成爲「二十一世紀最重要的一個字」。有人甚至將二十一世紀稱爲「她世紀」。「她」字咄咄逼人，向世人昭示一點：女性一定要擁有自己的事業，不斷學習、不斷進步、不斷充實自我。唯有此，才能保證「她」字的優勢趨勢。

「她」以及她們，已經是現代職場中不可缺少的力量，保障這份力量的發揮，女人必須有點野心。

文麗麗是一家知名品牌店老闆，她的店每週只開門五天，週末她去打高爾夫、喝下午茶，享受生活。就是這種經營方式，她的生意卻越做越大。

之所以有這樣的成就，與她當年在其他公司做業務員時的辛勤付出有關。當時，她不過是一名普通銷售員，同學家人都勸她：「不要做銷售了，還是找份穩定工作吧。」可是她覺得既然選擇了銷售，就要把工作做好。

她比一般銷售員更努力，每天盡量多地拜訪客戶，並花費極大心血維持與他們的關係。結果，她的銷售業績一直遙遙領先，獲得老闆和同事們好評，而且累積下大量人脈關係。

當有了一定實力後，文麗麗自己投資名牌店，原來的客戶、同事自然前來捧場。

有點野心，就是有追求、有奮鬥目標、有不甘服輸的精神，這是一切成功的先決條件。美國加利福尼亞大學的心理學家迪安．斯曼特在這方面做過專門研究，發現「野心」是人類行爲的推動力，擁有「野心」，可以有力量攫取更多的資源。試看今日職場，沒有了野心，沒有了對權力金錢的強烈慾望，就沒有了追逐的動力，自然不可能得到所追求的結果。

「不想當將軍的士兵不是好士兵」，不想晉職的員工也不是好員工。

有人問：「窮人最缺什麼？」答案是：「成爲富人的野心。」

性格決定命運，在職場，慾望決定人生。

在EMBA課程中，有一項測試，需要每位學員不假思索地第一反應選出自己的答案。題目包括：如果家人病了，同時必須加班完成一項工作，你選擇做什麼？一週之中你和同事們共同進餐多

少次？信任你的同事做了錯事，舉報他你會有晉升的機會，你選擇舉報還是不報？……這些題目都是兩難選擇，選擇其一，必會犧牲其二。

不過，這種選擇反映出你的事業野心有多大。

追求的道路上困難重重，慾望有多強，克服這些困難的決心和耐心就有多大。

阿珍是個普通的女孩子，國中畢業就出來工作了，先後做過清潔員、送報員等工作。雖然做著卑微的工作，但她有一顆積極向上的心，渴望有朝一日自己做老闆、賺大錢。

後來，阿珍用存下來的錢租了店面賣珍珠，成了一名小老闆。不少朋友覺得她太冒險，因為賣珍珠是賺外國人的錢，阿珍既沒文化又不懂外語，如何與洋人談生意？

可是阿珍不這麼想，為了儘快掌握外語，她成了「外語迷」，晚上背單詞、聽錄音，白天就在公園門口給外國人免費做導遊，在商場門口免費做導購，免費給外國人做中文家教。

只要有可能，她就與不同國籍的人交流、學習。漸漸地，她竟然熟悉了四種外語，而且與許多駐台外國高管的太太攀上關係，接待了很多的名流貴客。

這些客人給了阿珍充分認可，說她：「珍珠好，人更好。」

有了這樣的殊榮，阿珍的生意扶搖直上，不少外國客商主動上門購買她的珍珠。阿珍並沒有因此滿足，她說：「我想把生意做到國外去，爭取在他們國家的土地上與總統們握手。」

從不懂外語的打工女，成長爲一名國際商人，源於阿珍「有野心」、有夢想。沒有野心，阿珍就不會離家打工；沒有自己做老闆的野心，她也許和其他同齡人一樣，早就嫁人生子了；沒有做好生意做大生意的野心，她應該和多數賣珍珠的小生意人一樣，每日裡爲了一點差價，奔波勞碌，與客户爭吵不已……

現在，阿珍的野心是與各國總統握手，那麼，讓我們祝福她，早日實現自己的野心。在羨慕那些有野心的同性之時，女人不妨測測自己的野心到底有多強。

題目：喜歡吃什麼肉，反映出一個人的慾望強弱，妳會選擇下面哪種肉類？

A・牛肉　B・雞肉　C・羊肉　D・豬肉　E・鴨肉

選擇牛肉的女人，是頭號野心份子，野心指數90％；

選擇雞肉的女人，野心指數不高，只有30％；

選擇羊肉的女人，有些野心，但往往後繼無力，野心指數50％；

選擇豬肉的女人，渴望成功，嚮往名利，野心指數70％；

選擇鴨肉的女人，喜歡表現自我，又害怕被人議論，野心指數65％。

女人有野心，意味著她有追求、有奮鬥目標、有不服輸的精神，這是成功的先決條件。在職場，慾望決定人生。沒有野心，沒有對權力金錢的強烈慾望，就沒有追逐的動力，自然不可能得到所追求的結果。

懂得取捨，展現女王風采

有野心並不代表不顧一切，不是爲了目的不擇手段。人生生來就不完美，貪大求全，是行不通的。大事要爭，小事要讓。

行走職場，少不了名利之爭，取捨之間，該進該退，是一個女人智慧的集中表現。

金惠蘭是食品公司的市場經理，做爲公司的創業元老之一，她多年來兢兢業業，勤懇努力，爲公司行銷發展立下了汗馬功勞。

後來，公司的發展越來越快，規模逐步擴大，惠蘭的工作量逐漸加大了。爲了適應市場發展，也爲了減輕她的壓力，公司爲她招聘了一位助理。這名助理的工作能力和眼光都很超前。

一開始，助理只是幫助金惠蘭做些輔助性工作，惠蘭也沒當回事。可是過不了多久，助理要求參與一些核心類工作，比如與重要客户談判。看到助理熟練的技術水準，高超的外語能力，金惠蘭忽然有些擔心，她想：「他學歷高，水準和能力都不錯，能夠替自己出力當然很好。可是要是他掌握了所有重要工作，我還有什麼用？這樣發展下去，早晚我的位置會被他替代，我也就失去了權力。」

懷著這樣的心態，這位曾經叱吒商場的老手頓感心驚，每當遇到核心問題，她都不敢輕易讓助理參與。

有所顧忌，不敢放手，捨不得放權給他人，這是職場女人常見的症狀，結果讓自己百事纏身，精力分散，忙得團團轉，卻將事情搞得雜亂無章，只有苦勞，沒有功勞。而且越是徒勞無功的管理者，勞動量就越繁重，什麼也管不好，最後弄得一團糟。

對於這一狀況，我們說要「捨得」——不僅要捨棄利益，更要懂得「捨棄」權力。做爲一名管理者，放手讓他人去做，以便解放自己的雙手和大腦，節約自己的時間和精力；同時放開他人的手腳，讓他人更主動地做事，協助自己實現目標。

放手讓別人去做，不要沉迷於權力，才不會扼殺取得更大業績的潛力和可能性。任何人都不可能單槍匹馬打天下，任何人也不喜歡靠指揮和命令過日子，他們更希望主動地、創造地去工作。所以，檢查一下自己是否善於放權，是否做到了眞正放權，是十分必要的。

貪婪是人生大敵。羅馬人凱撒大帝，威震歐亞非三大陸，臨終告誡侍者說：「請把我的雙手放在棺材外面，讓世人看看，偉大如我凱撒者，死後也是兩手空空。」他告訴我們，再多的財富和榮譽也不過是身外之物，生不帶來死不帶去。

劉墉論述取捨之道：「沒有能力的人取不足；沒有通悟的人捨不得。」做一個通悟之人，該捨棄的就捨棄，不要讓它們成爲沉重的包袱；不爲他人他物束縛，淡然地面對一切，不去自尋煩惱。

當年居禮先生去世後，一些好事者給居禮夫人造了不少謠言，這讓居禮夫人非常難過。難道就在這些謠言中度過餘生嗎？居禮夫人痛定思痛之後，採取了「裝糊塗」的做法，不去理會謠言，專心科學研究。結果她第二次獲得了諾貝爾獎，讓那些造謠者無地自容。

有些女人強調「眼裡揉不下沙子」，一味挑剔別人的毛病，不管什麼事都喜歡理論出個是非曲直，還以此做爲自己的「優點」。這種優點會讓妳孤立無援，徹底失去朋友和幫助，並且變得鬱鬱寡歡，怨天尤人。《紅樓夢》裡的林黛玉就非常容易認眞，容不下他人一絲怠慢，還經常挑別人的刺，最後落得什麼下場？大家有目共睹。

海明威說：「只要你不計較得失，人生還有什麼不能想辦法克服的？」

如何區別大小事？一個簡便的做法是改變自己的看法和觀點。比如妳覺得某件事非常重要，非做不可，這時可以改變想法，把這件事置於微不足道的地位，看看結果如何？當妳發現其實這件事並非想得那麼重要時，妳就「難得糊塗」了一次。經過多次練習後，相信妳的心胸會開闊起來。要做到難得糊塗，還要善於從大處著眼，從長計議，不要拘泥於繁文縟節，為了小事斤斤計較。善於捨大取小，以滿足的心態去做事做人，才會實現知足常樂的境界，這樣的人不管在什麼環境下，做什麼事，都能保持樂觀的心態。

女王有野心，更有智慧，懂得大事要爭，小事要讓。在名利面前，要懂得取捨。善於捨大取小，以滿足的心態去做事做人，才會實現知足常樂的境界。做一個通悟之人，不為他人他物束縛，淡然地面對一切，才不會自尋煩惱。

要江山，更要做美人

電影《艾蜜莉的異想世界》裡有句臺詞：「最壞的情形，並不是你得不到你想要的。是得到了，卻發現並不想要。」情場如此，職場也一樣。女人在職場打拼，付出了心血和青春，是不是一定得到了自己想要的東西？

瑞麗是某跨國化妝品集團的地區高級主管，權大錢多，住著別墅，開著豪車，過著多數人羨慕的生活。

一天，在與朋友共進午餐時，不由自主聊起理想中的生活模式，瑞麗很感慨自己多年來疲於應付出差、開會，終日被公司人事折騰得要命的生活，無限嚮往地說：「要我說，住在空氣清新的郊區，每日做做家務、煮煮飯、溜溜狗，在院子裡種花養樹，這樣的日子最好不過了。」說到這裡，她突然停住了，然後有些錯愕地嚷道：「我家保姆不就過著這樣的日子嗎？」

可口可樂的總裁Brian Dyson有一個非常形象的比喻。他說：「想像生活是一個比賽，你必須同時丟接五個球，這五個球分別是：工作、家庭、健康、朋友以及精神生活，然而你不可讓任何一個球落地。你很快就會發現工作是一個橡皮球，如果它掉下來，它會再彈回去，而其他四個球：家庭、健康、朋友以及精神生活是玻璃製的，如果讓這四個球其中任何一個落下來，它們會磨損、受損，甚至會粉碎；而一旦落下，它們將不再和以前一樣。」

女人，要江山，更要做美人。健康易碎，不容忽視。波爾森定律告訴我們，任何東西使用到其潛能極限時都會崩潰。對於我們的身體來說，也是如此。弓弦綳得太緊容易折斷，人體消耗過度容易出現毛病。所謂留得青山在不怕沒柴燒，不能虧空身體，鬧得「壯志未酬身先死」。

我們羨慕商業精英、政界領袖、藝術名人，聚焦他們身上折射的光芒，可是想到在榮耀背後的壓力了嗎？調查顯示，現代社會很多女人處在「過勞」的生存狀態下，「累」成爲她們生活的主色調，英年早逝的名流也在逐年增加。爲了事業透支健康，甚至付出生命，這樣的代價實在是太昂貴了！

人不是不知疲倦的機器，不可能時時保持旺盛的精力和飽滿的激情。要想在有限的時間裡激發創造潛能，必須懂得解放自我，放鬆身心，以健康的體魄應對生活，處理事務。長期處在「快節奏」的生活當中，大腦不得不處於連續的、快速的狀態中，得不到休息和復原，結果壓力過大，產生緊張的心理，從而憂慮不安，精神過敏，健康頻頻亮起紅燈。在健康和錢財事業面前，不忘給自己畫一條紅線。錢是要賺的，命是要顧的。積極面對人生和事業。艾伯樂說：「我的生活原則是把工作變成樂趣，把樂趣變成工作。」

有位退休女主管，看到很多外國人背著大背包，坐著火車在旅遊，就很羨慕。她想：爲什麼我不能和他們一樣，出國去看看呢？懷著這個想法，她辦理了簽證，帶著三百美元就搭了出國的飛機。來到異國他鄉，跟隨旅遊團轉了幾天後，她的錢花完了。她不甘心就這樣回去，是借錢還是等家人從國內匯錢呢？忽然她有了個念頭，爲什麼不想辦法自己賺旅費呢？雖然她不會英語，可是她知道唐人街有不少做生意的華人。於是她就去打工，給人看孩子。有了第一筆收入後，她很開心，帶著這筆錢繼續旅行。等到錢花完了，她再回來打工賺錢。一來二去，大家與她熟悉了，給她推薦不少工作。有人不解：「您是位高級主管，怎麼能做這樣的苦力呢？這要是傳回去對您的名聲多不利！您完全可以過更好的生活。」她回答說：「更好的生活？我覺得很快樂，這就是我要的生活。」透過個人努力，她去了尼加拉瓜瀑布、黃石公園，還從東海岸橫穿美國大陸去了迪士尼樂園和矽谷。

人的慾望是無止境的，人生又何其短暫。暴走職場，入世的奮鬥的女性，名和利是懸在她們頭頂上的兩把利劍，稍不留心，會斬斷她們的健康，讓她們無法體會身爲女人的快樂。

實際上，女人在世，最大的享受應該來自自己的性別優勢。心態平和與安寧是女人魅力的象徵，會讓妳保持一份學也學不來的優雅。不急躁，不偏執，舒緩從容卻積極昂揚，這些才是女人令人肅然起敬的理由。

在職場打拼，不要忘記心靈的靈修。除了經常做一些戶外運動、練瑜伽、堅持素食外，妳可以和朋友一起做公益活動，比如定期去孤兒院陪孩子們玩。哪怕只是一個擁抱，他們都會覺得很滿足、很幸福。妳會更深刻地體會到，要珍惜生命、健康和身邊的每一份愛。

女人，要江山，更要做美人。健康易碎，不容忽視。在健康和錢財事業面前，不忘給自己畫一條紅線。錢是要賺的，命是要顧的。心態平和與安寧是女人魅力的象徵，會讓妳保持一份學也學不來的優雅。不急躁，不偏執，舒緩從容卻積極昂揚，這些，才是女人令人肅然起敬的理由。

第六章

Chapter 6

怨婦是金錢的奴隸，女王是金錢的主人

不會賺錢，活不精彩

林雨榮是位四十歲的女人，帶著一個女兒過日子。她喜歡借東西，做飯時會借油鹽醬醋，下雨時會借雨傘雨衣，更可笑的是，她還經常爲女兒借鉛筆橡皮。

後來她去世了，女兒獨自過日子。有其母必有其女，女兒也非常喜歡借東西，而且還愛借錢。她三番五次來到鄰里家借錢，數額也不多，左鄰右舍都不好意思駁她的面子，總是掏給她。有一次，她的老鄰居和妻子正在散步，她又走過去借錢，恰好那位先生和妻子誰也沒帶，她竟然笑話說：「哎呀，你們怎麼這麼窮？」

鄰居們都特別討厭她，眼看著她也三十多歲了，卻一直嫁不出去。眞不知道這種日子還會持續多久。

佛蘭克林說：「勤勞的家庭，饑餓過其門而不入。」勤勞的女人不僅會賺錢，而且一定持家有方，活得瀟灑自如。很多女人都會認同，收入多少是決定女人幸福與否的關鍵點。一文錢不單單難倒英雄漢，更會難倒有著「弱者」稱謂的女人們。

從一日三餐、穿衣打扮，到養兒育女、健康醫療，哪一樣缺得了「錢」字。隨著年齡增長，女人賺錢的機會越來越少，花錢的事項卻越來越多。

在這個世上生存，離不了錢，在這個世上活得精彩，更離不了錢。

太多女人覺得男人是天生的賺錢機器，而女人是天生的花錢機器，所以能花不能賺的女人越來越多。但是，女人一旦養成這樣的習慣，生活就在走下坡路。

不是男人養不起妳，而是妳自認爲是弱者，從心理上處於劣勢，難有出頭之日。

裘蒂．瑞斯尼克早就警告女人們：「女人要青春、要魅力，要遇見好男人，更要有錢才會幸福。」

電視上播放了一段歌手接受採訪的錄影。談到金錢問題時，這名歌手直言不諱：「入行以來，看到很多同行都很窮，大家都缺錢花。不少人開口向唱片公司借錢，可是我從來沒有借過。」

主持人問：「爲什麼？難道妳不缺錢嗎？」

她說：「我唱歌就是爲了賺錢，要是賺不到錢，就去做其他工作。」

女人，要有自己的工作和事業，要有養活自己的本事。連自己都養活不了的女人，時時刻刻處處依賴別人，談何幸福之有？不要小看一分錢，不妨自己去賺賺看。

女人有了錢，就有能力讓自己過著想要的生活，不用看任何人的臉色，不會因爲物質需求向誰低頭，不必像電視劇中的悲劇女主角一樣，用年輕美貌換取自己和家人體面的生活。

想想看，女人用自己賺來的錢，在五星級酒店的咖啡廳，聽著鋼琴，上網處理工作郵件。可以假日去潛水，去國外度假，去海邊晒太陽，可以爲自己購置昂貴的面霜。根本不用顧慮，買了這個

就要省吃儉用。可以請保姆，十指不沾陽春水，走到哪裡，風光到哪裡。不管對自己多麼好，都不過分，因爲這是靠本事賺來的，不是出賣色相、依靠裙帶關係的結果。傲氣一些，高貴一些，無可非議。

這是多麼令人羨慕的女王生活。

相親節目中，太多女人在遇到帥氣卻貧窮的男人時，絕不會直言嫌他窮，而是含蓄地說：「太帥的男人缺乏安全感。」遇到有錢卻不帥的男人時，也會說：「有錢的男人缺乏安全感。」這讓男人們迷惑：女人又不是安全督導，爲何這麼擔心安全問題？

醉翁之意不在酒。當女人把「安全感」掛在嘴邊時，一定是對這個男人的身家不滿意。不信就請一位既帥氣又有錢的男人來相親，頃刻間，所有的女人都會蜂擁而上。

在這個資訊爆炸、物質發達的時代，感情的穩定性受到極大挑戰。女人在尋找結婚人選時，就會想到婚後男人找了小三怎麼辦。婚前沒有安全感，婚後更沒有。

心理學認爲，人的安全感來源於兩個途徑：愛和錢。擁有愛，會讓人有安全感；有了錢，同樣讓人有安全感。所以，在這個感情匱乏的社會，愛，瞬息萬變；錢，擁有了就屬於自己。爲了保障高品質的生活，不妨多賺一些錢。

更何況，現在很多男人擇偶都要考察女方身家多少，這時，有錢的女人就更容易收穫愛情，等著幸福向自己招手。

二十歲的女人要美貌，三十歲的女人要愛情，四十歲的女人要有錢，至於五十、六十歲的女人，就要有更多錢。男人可能背叛女人，但是女人賺來的每一分錢，都不會背叛自己。女人有了錢，就有能力過著想要的生活，不用看任何人的臉色。在這個人人向錢看的年代，女人多賺一點錢，就是多一份安全感。

愛錢，但不要把錢的味道寫在臉上

如果有一天男人帶回了一顆蘋果，妻子會怎麼說？通常女人都會用責怨的口吻說：「你怎麼就帶一顆回來？」要不就是說：「你帶顆爛蘋果回來幹嘛？」這就是女人的貪婪，她不知道這可能是男人參加聚會，捨不得吃故意留下的。從這一點可以看出，女人對財富比男人要在意得多。

金錢是通往幸福路上的助燃劑。有了錢，生活可以更優裕、更從容，可以解決很多問題。誰也不是神仙姐姐，尤其是為人妻為人母之後，從早到晚忙著打理一家人的衣食住行，缺了一分錢，都會受難為。「巧婦難為無米之炊」，沒了錢，就沒了生活的來源。

所以，再清高的女人，婚後也會世俗起來，也會不知不覺愛上錢。

愛錢，是女人之常情。可是如果把錢的味道寫在臉上，張口閉口離不開錢，把金錢當作衡量一切的標準，喜歡炫富，這種女人會不客氣地被稱爲「拜金女」。

她們總是惦記著「金錢」二字也就罷了，還非要擺出一副「愛財如命」的架勢，不管跟老公、家人，還是朋友、同事，三言兩語離不開一個「錢」字。

當她們與人談話時，會急巴巴地問：「這個包包多少錢？」、「妳做的頭髮幾百塊？」

她們會經常得意地說：「那個男人很有錢！」、「他請我吃了一頓豪華大餐。」

她們還愛拿著自己的老公與人比較：「你看誰誰誰，這個月比你多賺好多。」、「某某的老公，又給她買了一輛新車。」

她們選擇朋友的條件，第一就是經濟條件，爲此會很費力氣地打探對方的經濟實力，一旦聽說對方是個窮光蛋，立即就會斷絕交往。

太多的在乎金錢，就會讓自己滿身銅臭味，想除都除不掉，最終變成金錢的奴隸，失去女性的優雅與貴氣，變得一錢不值。

精明不必寫在臉上，愛錢也最好藏在心裡。這個世上不是妳愛什麼就會獲得什麼，妳愛錢，但是金錢不會主動投懷送抱。生活中，更多平凡的女性在跌跌撞撞之間遇到了心儀的好男人，遇到了喜歡的工作，遇上了知心的朋友。她們可能想到自己會成功，但絕沒有將「金錢」貼在臉上做象徵。

富商郭台銘在髮妻過世之後，先後與劉嘉玲、關之琳、林志玲等大明星傳出過緋聞。然而，這些超級美女的緋聞故事卻都是只開花不結果，她們沒有俘獲極品老男人郭台銘的心，甚至沒有得到半句承諾。

二〇〇八年，出人意料的，郭台銘忽然宣佈再婚之事。在人們期盼的目光中，新娘曾馨瑩冉冉登場，她只是一位普通的舞蹈老師。人們跌破眼鏡，對新娘評頭論足：論氣質她比不上劉嘉玲，論美豔她不如關之琳，論性感她不及林志玲。可是她爲什麼能最終突出重圍，獨佔了郭太太的寶座？在眾多的議論聲中，郭台銘出面替太太解釋，他說：「在她身上，我絲毫沒有聞到錢的味道。」

一語驚醒夢中人，頃刻間，無數奉金錢爲上、愛財如命的女人敗得落花流水。

然而，曾馨瑩難道就眞的不愛錢嗎？此話差矣。如果眞的不愛錢，曾馨瑩身邊不乏比郭台銘更年輕、更帥氣、更適合的結婚人選，她卻選擇了郭台銘，無外乎對方有著他人無可比擬的財富。愛錢，卻不把錢字寫在臉上，曾馨瑩的高境界值得女人學習。

太多女人不懂這個道理，她們總是有著較高的人生目標，一副不甘落後的神情，急著表達著自己對金錢的渴望。

爭強好勝是女人的普通心態，可是不要以爲做個物質女人就能獲得男人的物質。恰恰相反，當

女人把男人當作物質源泉時，男人很快就會斷流；而獲得男人大筆物質的女人，都是那些在男人看來「無所欲無所圖」的女人。

世事如此玄妙。愛錢，但不被錢的味道所累，才是眞正聰明女人做的事。因爲男人不是傻瓜，有錢的男人智商更不會太低，他們不會將自己交給那些只愛著自己兜裡金錢的女人，讓自己變成女人的賺錢機器。所以，女人儘管去愛錢，去賺錢，但千萬不把錢的味道寫在臉上。金錢只是人生追求的一個符號，如果把它變成目的，那與乞丐何異？不爲金錢所累，不做金錢的奴隸，而最終駕馭金錢，成爲金錢的主人。

女人，可以在心裡藏好一個帳本，設計好自己的理財計畫；可以爲自己制訂賺錢的目標，並盡力打理好家庭開支。但是不管與金錢如何親密，都要記得時時洗滌自己的心靈，不要讓心靈繫上金錢的翅膀。這樣妳會飛不遠飛不高。

女王攻略

不要張口閉口談「錢」；遇到與錢有關的話題，盡量心平氣和地表述，不要讓人覺得妳很在乎錢；別人再有錢，也不要流露出嫉妒之色；自己再窮苦，也要表現出樂觀的生活態度；不要談「錢」色變；非要金錢才能解決的問題時，以平常心去解決；除了錢之外，為自己找一樣喜歡的東西；不為金錢所累，不做金錢的奴隸，而最終駕馭金錢，成為金錢的主人。

千金散去還復來

有位歐巴桑喜歡佔小便宜，有一次鄰居燉了肉湯。她過來說：「我兒子聞見肉湯味了，特別想嚐嚐。」鄰居讓她自己盛碗湯端走了。結果吃飯時，發現鍋裡的肉沒有了，只剩一鍋湯。鄰居很生氣，下次那位歐巴桑又來要湯喝時，她沒好氣地說：「肉都沒有了，哪有湯！」

有人會笑話這位歐巴桑：「眞是個財迷！」女人，多多少少都有點財迷，只不過多數沒有她這麼露骨罷了。

有人說，女人是花錢的動物，但是女人又是最不捨得花錢的，尤其不敢爲自己花錢。她們見人就愛抱怨，錢怎麼怎麼不夠花，因此爲自己佔小便宜做鋪墊。她們有再多錢，也不會大手大腳地消費，總覺得錢在手裡最安全。

所以，很少見到女人主動請人吃飯，卻常常聽到女人訴苦：「今天某某結婚，又花了多少錢。」、「今天某某事，又破費了不少。」

一個有趣的現象是，不管多麼有錢的女人，都會熱衷於收集各大商場的打折資訊、免費資訊。她們會爲了獲得免費禮品排幾個小時的隊，會駐足於免費品嚐的攤位前品嚐新推出的食品；聽到有人請客會千方百計前往赴宴；看到別人有什麼好東西總想分一杯羹……

愛佔小便宜，不捨得破費，這樣的女人談不上厭惡，但也不讓人喜歡。

婷婷剛進公司時，看她著裝打扮、說話行事細緻認眞的樣子，不少人對她頗有好感。可是幾個月下來，許多人對她產生了反感。

年齡較大的何先生帶了幾袋菊花茶，打算泡水喝。可是幾天後，菊花茶不見了，大家看見婷婷的杯子裡裝進了菊花茶，她邊品嚐邊說：「這茶不如我前次去香港帶回來的好……」

公司最近很忙，婷婷卻偏偏請假了，原因是某家商場舉辦店慶活動，可以參加免費抽獎，所以她一大早就去排隊了。

大家喜歡輪流請客吃飯，婷婷自然每次必往，可是她從來不掏錢。這次，同事們都說輪到她請客了，她只好硬著頭皮前往。來到以前經常相聚的餐廳，婷婷看了一眼，說：「環境太差，換個西餐廳吧。」

眾人皆驚，以爲婷婷要大出血了。他們說說笑笑來到一家較有規格的餐廳，坐下後開始點餐。婷婷毫不客氣地要了兩份牛排套餐，同事開玩笑說：「自己請客，眞捨得吃啊。」她笑笑不說話。

風捲殘雲，杯盤見底，大家回頭一看，婷婷卻不見去向。這時，服務員遞過電話，傳來婷婷焦急的聲音：「對不住啊，剛剛我老公打電話，說我兒子發燒了，我要趕緊回去，你們先吃著啊。」

眾人面面相覷，只好結帳而出。第二天上班，大家看見婷婷不免關心一下：「兒子的病好了嗎？」

婷婷輕笑：「都怪我老公，不會用溫度計，竟把攝氏三十七度看成了攝氏四十度。」

這樣的女人只能讓人避而遠之。看似會過日子，存住了錢，卻失去了人心和友情，得不償失。

這類女人還不失天眞地以爲，佔男人的小便宜會更容易，也更理所當然。比如，搭順風車、吃頓免費餐、出差回來捎件小東西。

小恩小惠會鑄成大錯。男人不是傻瓜，他們對愛佔小便宜的女人是把準了脈的，一頓小西餐、兩箱快到期的牛奶、參加會議發放的紀念品，都能輕鬆地吸引她們，直至將她們騙上床。因此，女人不要貪戀小便宜。做一個現代高品味女性，擁有女王氣質，就要捨得花錢，學會用錢解放自己。

看看女人的購物車，就能清楚她的購物方式，明白她對自己的愛有多少。多數女人的購物車裡，最值錢的東西都是買給身邊那個男人和孩子的。哪怕狠心買了自己心愛的物品，也會心疼，還會發誓：「又花錢了，其實也可以不買的。只好這個月不吃哈根達斯了。」

這是典型的小女人心態，她們給自己的愛是有限度的，一旦超越了承受能力，就要想方設法趕緊彌補，否則良心不安。可是，她們給老公和孩子的愛是無限的，花再多錢也覺得心安理得。這種女人是過日子的好代表，是賢惠妻子的代名詞，卻缺乏了女王的氣度與高貴。

女人，懂得消費金錢，才是自我解放的象徵。錢是用來花的，賺錢是爲了消費，不是爲了存銀行。千金散去復還來，有了這樣的氣魄和胸襟，女人將更加成功，更加令人敬佩。

辛苦賺錢養家，還要節衣縮食精打細算，哪個女人都會心累。這時，把賺來的錢大把大把撒出去，換回一堆外人看來沒有價值的「擺設」、「奢侈品」，會獲得一種妙不可言的滿足感。

實踐證明，瘋狂購物是一種很好的減壓方式。對於拼搏家內家外的現代女人來說，這個方式尤爲管用。

奉勸那些愛錢、喜歡花錢、卻不捨得花錢的女人，從現在起，捨得無所顧忌地給自己花錢，對自己大方一點，這要比對自己摳門過得舒服。

太多女人渴望男人來寵愛自己，為自己花錢，但是卻沒有想到，自己要靠自己來寵。做一個現代高品味的女性，擁有女王氣質，就要捨得花錢，學會用錢解放自己。做女人，就要懂得寵自己。

女王的帳本

捨得花錢，並不是說無所顧忌的胡亂浪費，做個敗家的女人。在高消費時代，隨時隨地都有消費的機會，讓妳的「財政」超支，出現赤字。

林小姐今年三十歲了，是一家汽車公司的地區經理，薪水很高。她的家人朋友都覺得她工作那麼多年，薪水又那麼高，肯定存下了不少的錢。但意外的是林小姐的銀行存款少得可憐。

原來，林小姐是一個「月光」主義者，爲了不被時代淘汰，她經常去逛那些高檔的商場，有時候甚至專門坐飛機去歐洲購物。當家裡人抱怨她的時候，林小姐總是說：「辛苦賺來的錢不就是爲了享受生活嗎？不享受美好的生活，那賺錢還有什麼意義呢？」

「一旦音樂響起，我們不得不去跳舞。」女性消費的慾望太強烈了，當商家彈奏起促銷的熱曲，她們會情不自禁地隨著樂曲起舞，直至患得「購物狂」的病症。

所以，女人在捨得花錢的同時，也要時刻保持清醒的頭腦。當老公滿懷信心地把薪水交給妳的時候，妳應認眞地負起這個責任。把家庭的收入合理地規劃一下，哪些用於日常開支，哪些存起來，哪些留作緊急支配所用，哪些用於人情世故，孩子需要哪些開支，長輩又需要添置什麼……女人是家庭的CEO，把生活調理到何種程度，要心中有數，安排得井井有條。

做好這一切，女人離不開一本有效帳本。

趙怡眞跟丈夫結婚一年，由於兩個人都是工薪收入，根本沒有什麼錢買房子，所以趙怡眞打算買一間小房子先住著。能省下很多錢不說，連車也不用買了，一舉兩得。買小房子還有其他的好處，趙怡眞把工薪收入做了幾大安排，一部分用於生活必要的開支，另一部分買了股票和保險。這樣，家裡的底子就會慢慢的厚實起來，等孩子出生以後，也就有能力換一間大一點的房子了。

學會記帳，就是學會理財。透過這一強迫性措施，一筆一筆記下購買不必要東西浪費掉的金錢，當妳看著那些冷峻清晰的數字時，它們一定會有力地提醒妳：錢花在哪裡了？寫下來支出數額，是真切而有用的辦法。

生活就是這樣，在物質氾濫的社會裡，人們對物質的追求越是瘋狂，對物質的慾望難以控制，可以隨意地買賣物質，扔掉或者換掉它們，而不用有任何歉疚。然而生活是一輩子的責任，好比往桶裡裝水，打水桶是有底的，裝水的桶是沒有底的。結果，每次打滿一水桶，卻在裝水桶裡流個乾淨。要是換個方式，把裝水的桶換成打水的桶。雖然每次都只能打上來一點點，但是終於打滿了一桶水。

多少錢才夠花？多少財富才算富有？一個不懂得理財的女人，恐怕很難回答上述問題。金山銀山，都可以坐吃山空。有位青年作家定義浪漫與浪費時說：「明知那個女孩不愛他，還送給她九百九十九朵玫瑰，是浪漫；明知那個女孩愛他，還送給她九百九十九朵玫瑰，那就是浪費。」

不管這一說法是否正確，有一點我們可以體會到，結婚過日子，不再是浪漫的戀愛階段，最要不得的就是浪費。

所以，節儉是永恆的美德，理財是生活的必須，任何時候也不會過時。

有位金髮美女來到紐約一家銀行，滿臉笑意地對貸款員說，她要去歐洲度假兩個星期，打算向銀行借貸五千美元。工作人員看著美女，奇怪她爲何如此開心。一般來說，前來貸款的人都會愁眉苦臉，或者心事重重。但他沒有說出自己的不解，而是平靜地說：「女士，貸款需要擔保品。」美女並沒有猶豫，一邊坐到貸款人員身邊的桌子旁，一邊掏出車鑰匙說：「我剛買的勞斯萊斯，它就停在外面。」工作人員暗暗吃驚，卻不好表示，按照正規手續接受那輛豪車做擔保，爲美女辦了貸款。

兩個星期後，金髮美女如期歸還，還清了五千美元貸款，並付了15.41元的利息。工作人員爲她辦理完畢後，再也忍不住心中的困惑，問道：「我們很高興和妳做生意，而且這個交易進行的非常完美。可是我們有一些困惑，當妳不在的時候，我們對妳做了一些調查，發現妳原來是個大富翁。因此，我非常奇怪，妳爲什麼要借五千塊錢呢？」

金髮美女笑了：「你能告訴我，紐約還有哪裡能讓我停車兩個星期，卻只要付15.41元的地方呢？」

越有錢的女人越愛惜錢，所以她們才是金錢的主人，可以支配更多錢財。妳不理財財不理妳，就是這個道理。

看似「小」的開銷，會很快累積成大數目，這正是許多女人忽視或者低估的地方。養成記帳的習慣，清楚自己賺了多少錢，花了多少錢；在與錢財打交道的過程中，慢慢馴服金錢，讓它們爲己所用。

如果能每天省出一點錢，十年後，妳會驚奇地發現那數目已經變得很可觀。越有錢的女人越愛惜錢，所以她們才是金錢的主人，可以支配更多錢財。女人對家庭經濟要心中有數，家庭事務要安排得有條理，想做好這一切，就要養成記帳的好習慣。

依賴他人的錢財，等於慢性自殺

談到理財，恐怕有些女人會發牢騷：「有什麼可理的？每月賺不了幾個錢？」她們抱怨的是男人，男人賺錢太少了，不值得理；即便理了，日子也不會好過到哪裡去。

有這種怨言的女人認爲，結婚是兩個人的事，而賺錢是一個人的事。老公賺錢，老婆花錢，理所當然。這種女人眼裡的理想生活模式，說白了是一種懶人思想在作祟。

花老公的錢固然名正言順，可是這些女人不知道一條眞理：男女雙方收入的極端懸殊，會加大高收入一方的外遇指數。

一個家庭誰說了算，絕對要看誰賺錢多。見多了男人出軌後愁眉苦臉的女人，她們的苦惱不僅是老公的背叛，更是以後日子該怎麼過、離還是不離等問題。她們不敢管身爲「戶主」的男人，又不敢直接面對離婚。離了婚，失去了金錢來源，怎麼辦？

她是人們眼中的女富婆，開名車、住豪宅、吃穿用度全是高檔貨，健身卡、美容卡，包裡放了一大堆。這一切都是老公為她張羅的，不少女人羨慕她，認為她過得幸福。可是，她卻有自己的苦惱，原來老公從來不直接給她一分錢現金。花錢，必須自己賺。哪怕她父親生病住院，老公也不替她掏錢。

這樣的極端案例不多見，卻映射出「金錢」在男人心目中的分量。女人和金錢是男人最看重的兩樣財富，不會輕易交給任何人隨意支配。「男人有錢就變壞」，這句老話有它的理由，說明男人的花心與財富之間有著必然聯繫。

收入高了，生活會更好，這是最簡單的道理，而且高收入說明一個人在社會中的地位高。哪個男人不渴望名利雙收？身在高處，難免不被人惦記。惦記久了，管他已婚未婚，就產生據為己有的念頭。這時，受傷害的自然是那些依賴男人收入的女人。

兩人來到陌生的地方，開始了柴米油鹽醬醋茶的生活。一年後，她生下兒子，生活變得更加繁瑣，洗衣做飯照看孩子，打理家務。老公很忙，有了自己的事業，回家的次數逐漸減少，更不要說幫她做什麼了。她偶爾也會苦悶，可是想到老公追求自己時說過的「妳就是我的一切」，心就軟了。她覺得只要老公愛自己就夠了。

時間飛逝，幾年過去了，瑣碎的生活讓她失去往日神韻，平淡的日子消磨了老公的愛意。她聽說老公有了外遇。那是老公的職員，不僅漂亮而且能幹，給老公的事業不小幫助，也向老公索取了很多錢財。慾壑難塡，那個女人將兩人的風流事錄了影，以此不停地索要，終於把老公逼得無處躲藏，對她全盤托出了這件事。

她傷心，也難過，但她決定幫助老公。她主動找到那個女人，勸說她放老公一條生路。那個女人最終同意了，臨走時拋下一句話：「其實我根本就沒有想靠妳老公一輩子，我現在靠男人，是爲了以後不靠。像妳們這樣的女人，才是習慣一輩子靠男人的。」

她震驚了，那個女人的話像是錘頭敲擊在她的心上。她離婚了，離開生活了幾年的城市，找出塵封已久的畫筆，重新開始作畫。一朵朵歷經風雨的蘭花更顯嫵媚生動，很快她聲名遠播，成爲知名畫家，並回到家鄉舉辦自己的畫展。

「靠老公」，這是對依賴男人生活的女人的最大譏諷。「靠」的結果，等於慢性自殺。負心漢誰都會做，關鍵是負心之後是不是過得更好。從自然選擇的規律來看，這無可厚非。站在女人的立場，這就是悲劇的根源。

男人負心，女人無能爲力，因爲她缺乏自立的本領。

經濟平等對夫妻感情的影響很大，最好別出現「我賺錢多，應該聽我的」或「這次我付帳，妳別管」等情況。

現代社會，女人們渴望與鑽石王老五一見鍾情。其實，這不光是女人的理想，也是已婚又多金男人的理想。單身意味著自由浪漫，隨意選擇身邊的伴侶。如果身邊的伴侶與自己不再般配，他們更願意換掉，重新選擇一次。

事實證明，夫妻雙方收入均衡時，他們的感情最穩定。這傳遞著一個資訊，誰也不比誰差，所以，誰也不用抱怨誰，更不會想到換掉對方。

紀伯倫說：「在你們之中，要有間隙。快樂地在一處舞唱，卻讓彼此靜獨。」指出了女人與男人應該保持的距離，指出了做爲一個女人最尊貴的所在。

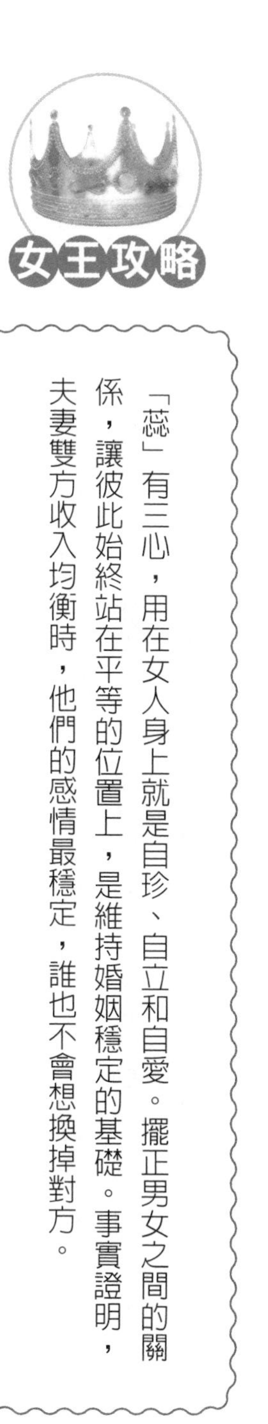

「蕊」有三心，用在女人身上就是自珍、自立和自愛。擺正男女之間的關係，讓彼此始終站在平等的位置上，是維持婚姻穩定的基礎。事實證明，夫妻雙方收入均衡時，他們的感情最穩定，誰也不會想換掉對方。

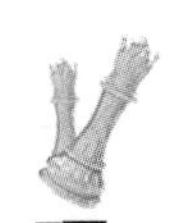

理財就像基礎保養，越早開始越好

自己的錢也好，老公的錢也好，兩人的收入加在一起，是為了生活更美好。然而令很多女人困惑的是，婚後兩人加在一起的收入多了，可是能夠自由支配的錢財卻少了，由此產生很多矛盾。

女人會抱怨男人：「賺錢不多，花錢不少。就知道請狐朋狗友吃飯，也不看看家裡怎麼辦？」女人還會抱怨：「你的錢呢？聽說這個月光是獎金就好幾萬，怎麼才給我這麼少？」抱怨急了，男人也不示弱，他們會吼道：「都是妳不會過日子，亂花錢！」少不了怨恨和爭吵，卻解決不了任何問題。

女人，與其為了金錢苦惱掙扎，不如早早地學會理財。

美容專家提醒女人們：做臉部護理，越早開始越好。不要覺得自己還年輕，就不用在「面子」上下工夫。越早開始護理臉部，肌膚衰老就越遲緩。理財也像臉部護理一樣，越早開始越容易掌握金錢規律，幫自己累積更多財富。

何麗玲曾經在一次訪談中說：「我很小就明白，美貌和理財是女人一生最重要的事。」她提到她的祖母告訴她：「女人讀書成績差一點沒關係，但是一定要懂得理財。」

她在八歲時，祖母就開始訓練她理財，丟給她一本帳簿，教她如何記帳，帳本裡有兩百多個互助會名單，這個國小二年級的小女生，開始跨出理財的第一步。

不是每個女人都有這樣的經歷，但是誰都可以隨時隨地開始學習理財，將生活打理得井井有條。

妻子是位新聞工作者，一結婚就與丈夫共同制訂了一個理財方案，兩人財務公開。她每月都有開支方案，將生活必需品和非必需品都列在上面。然後，將所有開銷的憑證都保存好，月底核對一下。這樣做，一來可以避免夫妻間的分歧矛盾，二來能有效地節約開支。

在總體預算、總量控制的理財思想指導下，妻子沒有花錢買一輛普通的、並非理想中的車，而是選擇坐地鐵、計程車外出。當時很多人對她的行爲不解，認爲她太吝嗇了，對她報以非議。可是她很坦然：「車在不斷貶值，養車的消耗也很大，我會花錢買房子，但不會去買既不能達到我的要求，又在時間變化下不斷貶值的東西。」相對於當今社會的一些「房奴」、「車奴」來說，她的主張顯然更爲理智。

妻子認識很多有錢的女人，看到她們出入高級酒店，購置高級時裝，並不以爲然：「時尚不是每天都去五星級飯店，去法國或義大利買衣服。」有一次，幾位朋友相聚，談起對服裝的看法，她很自然地說：「我對衣服的要求就是每個季節的都能夠穿一遍，這樣就足夠了。如果碰巧還能出席一些重要的活動，那就賺了。」

妻子喜歡改造自己的服裝，有時候還能自己製作一些手工藝品。一次參加大型活動時，有位貴夫人看到她別緻的項鍊，不禁問道：「妳從什麼地方購買到這條項鍊的？」

妻子笑著回答：「這是我自己做的。」言語間難掩對自己藝術創造力的自豪。

「我是家裡的財政大臣，」妻子常常說，「掌管好家裡的開支，保障全家能夠在有限收入的情況下過著無憂無慮的日子，就是我最大的心願。」

有幾次，老公覺得生活過於簡樸了，提出了一些消費開支。她說：「會理財並不代表窮酸。我可以花最少的錢買最好的東西，只要精準預算，就能讓我們過得很體面。」

爲了更好地打理家庭財富，她還會對銀行裡的理財產品稍留意一些，對於分紅型保險、基金也有所瞭解，並定期會向專業人士諮詢。因爲這方面收益很少，很多人會問她：「這麼點錢有什麼可賺的？」但她本人卻不以爲然：「既然能賺一點，爲什麼不去賺呢？」

在妻子精心打理下，她家的家庭財富有了穩步提升。有一次老公開玩笑問她，如果有一千萬的話，會怎麼支配這筆財富。她思考了一會兒就有了規劃：用一百萬買輛自己喜歡的車，剩下的錢會去投資、做慈善。

學會理財，做家庭的財政大臣，這樣的女人會讓家人活得美好，會讓自己不可或缺。有一天，當妳遇到很棘手的事情需要用錢的時候，可以確保不求任何人。有一天，經過多年努力之後，妳會擁有自己的名車豪宅，或者任何想要的生活。

何麗玲說過一句發人深省的話：「女人能年輕多久？可以無憂無慮多久？身爲依賴成習的女性，有時候我們該思考，如果有一天發生意外狀況，我有沒有能力自給自足？總有一天，我們必須靠自己想辦法過日子，只有自己才能保障自己的未來。」

女人要理財，越早開始越好，這不是爲了享樂，而是生命的尊嚴。

「如果女人懂得理財，懂得獨立，人生就是妳的，女人無法在廚房中要求獨立，學會理財才是追求獨立自主的基礎。」

從何麗玲的理財觀上，我們就會明白，爲什麼她會在職場和情場都那麼成功、輝煌，散發著女王一樣奪目的光彩。

女王攻略

理財讓女人更美麗出衆。這樣的女人有正確的人生觀，往往知道自己想要什麼，能要什麼。這樣的女人外表可能並不美麗，但她運用於理財中的聰明智慧早已不知不覺地征服了大家，不管是男人或是女人都會喜歡與之交往。

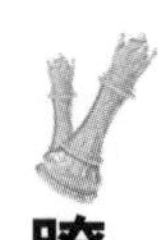

瞭解名牌，並非消費名牌

名牌消費，是讓女人們欲罷不能的一件事。面對千姿百態的名牌，女人往往有兩種態度，一是喜歡但不捨得購買，所以一副排斥表情；二是喜歡並盲目崇拜。

名牌，讓人歡喜讓人憂。一味地消費顯然不對，名牌的價格較貴，高出同等商品幾倍甚至十幾倍。購買名牌，費錢又費心費力，鬧不好，花光了積蓄，累壞了身體，惹惱了家人，日子都沒法過了。網路上遭人唾棄的炫富女，都是名牌的犧牲者。

但是一味地排斥，也不是好辦法。

所謂的名牌，往往代表一種流行趨向。君不見，名牌總與「時尚」二字有著千絲萬縷的聯繫。拒絕時尚的女人，是落伍的表現；拒絕名牌的女人，似乎也很難與時尚搭上關係。

女人，如何保持時尚，又不至於因爲消費名牌而「敗家」呢？

正確的做法是：瞭解名牌，但不一定消費名牌。

就是說，要與時尚接軌，多儲存一些名牌資訊，快樂地瞭解各種名牌。這樣，在交往中就有了話題，在心理上獲得了滿足，不至於被排斥在社交圈之外，不至於被人看作古板落後的「怪物」。

但是，瞭解歸瞭解，女人千萬不能爲了追趕時尚，成了名牌的奴隸。

她喜歡購買任何流行的東西，總希望自己能夠站在時尚的最前端。自從手機誕生以來，她購買了上百種手機。每次買手機，她總是挑最時尚最有名的，可是沒用幾個月，市場上就出現了更新的款式。這時，她把過時的舊手機便宜賣掉，接著買新的。對時尚的追求令她欲罷不能，每次有新手機上市，她總要前去購買，由此成爲手機市場的常客。

有一次朋友相聚，她的手機剛剛買了三天，有人說：「妳的這款不時尚了，聽說手機公司準備三天更換一個款式。」她無語，很鬱悶。

過一會兒，她喝多了，感慨萬千地說：「不斷地換手機讓我損失很大，可是我用的還不是最新的款式，你們說這是爲什麼？」

時尚究竟爲何物，恐怕難有幾人說得清楚。名牌究竟帶來多大心理安慰，也與個人收入成比例。收入多的人，多一些名牌，是正常消費；收入不高，卻非要與人比拼名牌，只能輸的很慘。

說到底，時尚與名牌並不是一回事。時尚可以流行，但是範圍有限，反過來說，一旦廣爲流行，就失去了時尚的感覺。追求時尚是一門「藝術」，簡單地模仿、從眾只是初級表現，並非眞正意義的時尚。眞正的時尚不是買菜時提著愛馬仕包包，在時尚之都妳不會看到滿街穿禮服的人，而是T恤牛仔褲，最時尚的是最簡單的。

任何名牌都沒有比自然的女性特質更能吸引男人。從一波波的名牌潮流中抽絲剝繭，萃取出它的本質和眞義，來豐富自己的審美與品味，來打造專屬自己的美麗「範本」，才是成熟女性的追求。

不要被動地跟在名牌潮流背後，學會與它保持適當的距離，從距離之中學會理智而熟練地駕馭它。這樣，妳可以享受到名牌帶給人的愉悅心情和優雅、純粹與不凡感受，又能夠賦予它不同的氣質和神韻，眞正體會生活品味，精緻展露個性，又不乏認同感。

在時尚界，有一位義大利先生對他人說，最好不要跟他談論太多關於「奢侈品」或是「秀場」、「品牌」之類的話題——名牌，對他來講是個「低俗的、無法忍受的字眼，它只會讓時尚窒息」；而那些沉迷於秀場和名牌的人們，在他的眼裡，不過是些不值一提的「名牌奴隸」。

女人不管到了什麼時候，內在的氣質和修養才是確保個人魅力的基礎，時尚雜誌上的每季新衣是推薦給影星和模特兒的。一個毫無情趣的女人，就算她穿著無領無袖、人盡皆知的品牌低胸裝，也是不會和性感有相關。

瞭解名牌，但不一定消費名牌。要與時尚接軌，多儲存一些名牌資訊，快樂地瞭解各種名牌。這樣，在與人交往中就有了話題，在心理上獲得了滿足，不至於被排斥在社交圈之外。愛名牌要適當，比那些名錶、名牌、時裝，更加美麗的是妳自己。

第七章

Chapter 7

怨婦眼裡揉不進一粒沙子，女王駕馭友情進退自如

怨婦的友誼是一件易碎品

女人之間有沒有友誼？從年少時的形影不離，到婚後各顧各的小家庭；從知己之間無話不談，到爲了一句話撕破臉。一會兒好得蜜裡調油，一會兒又因爲芝麻綠豆大的事，誰也不理誰，這些情形都是女人們司空見慣的所作所爲。女人的友誼，似乎經不起風吹草動，像一件很容易碎掉的瓷器。所以，今天還是陌路，明天有可能成了無話不談的朋友；今天的好友，明天又成了女人嘴裡的敵人。

友誼在女人那裡很容易變質。因爲變質，又很容易惹得女人嘮叨不滿，甚至爭吵不休。太多女人在背後議論朋友的是非，對著他人傾訴某某朋友如何欺騙了自己，某某朋友做了多麼丟人現眼的事。越是年長的女人，越愛抱怨朋友，友誼也越淡漠。她們很可能爲了一句道聽途說的傳言，就將友誼送上斷頭臺。

有位太太總喜歡抱怨對方懶惰，「那個女人的衣服永遠洗不乾淨，妳瞧瞧，她晾在院子裡的衣服總是有斑點。哎，我眞的不知道，她怎麼連洗衣服都洗成那個樣子……」

直到有一天，有個明察秋毫的朋友到她家，才發現不是對面太太衣服洗不乾淨。朋友拿了一塊抹布，把這個太太家的窗户上的灰漬抹掉，說：「看，這不就乾淨了嗎？」

原來，是自己家的窗户髒了。懶惰的不是別人，正是自己。

從此，這位太太再也不與那位朋友來往。

喜歡訴說和抱怨，不懂傾聽，是女性友誼的最大殺手。這一切源於女人的天性。女人天性敏感而脆弱，更喜歡依賴各種「關係」，諸如親人、朋友、同事。所以她們會很迅速地發展各種友誼，但是一旦覺察到這種關係對己不利，就會馬上翻臉。

而且，女人喜歡追求完美，希望更多人愛護自己，為此她們很在意身邊的點滴變化，在意他人的議論和關注。當她感覺他人對自己某些方面感到不足時，往往會缺乏理智的頭腦，而且將這些不足放大，與人攀比，從而產生自卑感。

另外，女人善妒，這是公認的常識。有人說，女人可以共患難，卻見不得朋友比自己過得好。朋友發達之時，往往是女性友誼結束之日。

有一個女人遇見上帝。上帝說：現在我可以滿足妳任何一個願望，但前題就是妳的朋友會得到雙份的報酬。女人高興不已。但她細心一想：如果我得到一份田產，朋友就會得到兩份田產了；如果我要一箱金子，她就會得到兩箱金子了；更要命就如果我遇到一位白馬王子，那麼那個本來嫁不出去的老處女就同時有兩位白馬王子……她想來想去不知道提出什麼要求才好，實在不甘心被鄰居白佔便宜。最後，她一咬牙：「挖我一隻眼珠吧。」

我們常常聽到「妒婦」一詞，說的是女人不能容忍老公對其他女人的好感。實際上，女人在友誼上也常有嫉妒心。她們看到同事比自己待遇好，嫉妒；看到朋友穿比自己貴重的衣服，嫉妒；看到朋友的老公比自己的強，嫉妒。哪管是知心好友，也一定比個你死我活。

也就是說，女人由於不能客觀地認識自己、評價自己，因此也不能正確地評價她與朋友之間的關係，導致這種關係十分微妙，變化莫測。

如果問一個女人不小心丟了一百塊錢，只知道它好像丟在某個走過的地方，會不會花兩百塊錢的車費去找回這一百塊錢？她們肯定把頭搖得像浪鼓一樣。可是同樣的情況，如果朋友的一句話得罪了她，她會不會不放在心上？多數女人很難做到充耳不聞，而且一定想辦法報復朋友，或者用語言反擊，或者以行動證實——我生氣了，我不打算與妳繼續交往了。

這就是女人的胸懷問題。花費大量時間和精力去爭執、抱怨，爲自己辯解，卻從不積極想辦法彌補。沒有人喜歡喋喋不休的抱怨。文學巨匠托爾斯泰在風雪交加的夜晚離家出走，孤獨地死在小鎮的火車站月臺，就是因爲無法忍受妻子長期的抱怨批評。爭執和抱怨就像是風雨中的沙石，打得人極不舒服，使人極力躲藏。面對一個總愛爭執抱怨的女人，身邊的人只有一個想法：躲得越遠越好，誰也不願與她們發展友誼。

寬容是成熟的表現，寬容的女人懂得：當妳看到別人的缺點很多時，實際是自己的缺點很多；當妳看到別人的優點很多時，實際是妳性格更加完美的結果。一個不懂得寬容、動輒抱怨指責的女人，就像暴君一樣認爲天下唯我獨尊，容不得任何人觸犯自我，提出異議，表示不滿。她們無法接受和寬容他人因爲愚蠢造成的過錯，從而彰顯出自己更大的愚蠢。

寬容的女人是堅強的，擁有比世界還寬廣的胸懷，因此她們很少與朋友發生無所謂的爭執。

女人可以共患難，卻見不得朋友比自己過得好。朋友發達之時，往往是女性友誼結束之日。聰明的女人追求寬容的心態，她們認為這是一種智慧。她們會寬待自己，也寬待別人。她不會因為小小的不如意生氣或難過，她會活得很輕鬆。她告訴自己，原諒這世界和自己，我值得擁有最好的一切。

女王有愛情，也要友情

一個勁地指責女人肚量太小，導致友誼不能長久，也許有所偏頗。畢竟，這個世上也有很多寬容的女性，雖說不上海納四方，但也不是眼裡揉不下一粒沙子。她們不會孤芳自賞，也喜歡與人交往，也可以擁有長久的友誼。然而，婚後的生活，讓她們蜷縮在家庭的小天地內，與友情日漸疏遠。

全身心地愛護家庭，照顧婚姻，是女人的天職。不過，爲了愛情婚姻而失去友情，並不明智。說重了，這叫重色輕友。陳小春在《重色輕友》中唱著：「都是過來人，愛情正當頭，就別留我。我先自首。我的朋友，天知道我單身多久，幫個忙，道義暫時公休，我想你們不會怪我重色輕友。」

「重色輕友」本是男生間互相調侃的一句話，卻是小女子們將之發揚光大。戀愛時，她們投入全部感情，滿眼滿心都是那個「他」，完全忘記了不久前因爲得不到男生青睞，向女友大倒苦水的實情，那些女友，根本沒有機會分享一點點她的「甜蜜」。

等到了結婚生子之後，女人「重色輕友」的特質更爲突出。哪怕是最親密朋友的邀約，她們也很難出來聚聚。好不容易出來聚一次，聽聽吧，除了「我老公怎麼樣怎麼樣」、「我孩子如何如何」、「我家裡現在怎麼怎麼」，沒有其他話題，滿嘴滿腦子全是家庭瑣事。然後，不等大家玩得開心，她忽然對著女友一笑：「我要趕緊回去了，他們都等著呢。」說完，不管三七二十一，抓起包包就走人。

據心理學家分析，女性「重色輕友」是正常現象，從心理學上解釋，她們側重「親和動機」，在感情上的分配順序是戀人、家人、朋友。

然而，正常歸正常，如果放任「重色輕友」這種現象發展，不加以留意和控制，女性的氣場必然大打折扣，風采減少不少。

而且，女人在感情上孤注一擲，把所有籌碼都押在婚姻上，企圖全身心的投入會博取最大利益回報，一旦愛情「破產」，再回頭看看，會覺得自己太蠢，不僅失去了幸福，連友誼也難以追回。

生活保持平衡，要知道男人不是唯一的支柱。要愛情，也要友情。在感情危機時，友情還會支撐妳的精神世界。《女人至上》是一部純女人的戲，戲中沒有一個男人出現，哪怕是聲音。故事從四個女人之間展開，全面展示著友誼在調理婚姻中的作用。因爲友情，她們才度過了一個個婚姻危機；因爲友情，她們才重燃生活的信心；因爲友情，她們才活得更精彩。

愛因斯坦說：「世間最美好的東西，莫過於有幾個頭腦和心地都很正直的嚴正的朋友……」有幾個好姐妹，大家可以在一起分享歡樂與痛苦，這不只是單身女人所要的，對於婚姻中的女人來說，這一點也很必要。朋友既可以在妳頭疼時爲妳端水送湯，也可以在妳心情鬱悶不暢時聽妳嘮叨傾訴。步入婚姻多年的女性都有一個特點，有些事情無人訴說，老公不聽，孩子嫌煩，這時妳會發現有幾個同性好友是多麼必要。

美國心理學家米勒博士的調查發現，親密的關係做爲一種預防性措施，一種對於免疫系統的支援，能降低各種疾病的威脅。換句話說，身體健康，不僅需要運動和正確的飲食，還需要友誼的維護。女人之間的溝通更開放和自然，並能給予對方同等的回饋，所以，這種親密關係更容易在女人間產生。

「有人共用，快樂會加倍，憂愁會減半。」這是著名女作家張愛玲的友情觀。在張愛玲眼裡，

「一個知己就好像一面鏡子，反映出我們天性中最美的部分。」她的知己是誰呢？她描述說：「那緊湊明倩之眉眼裡有一種橫了心的鋒棱，使我想到『亂世佳人』。」大陸女作家王安憶這樣評價：總覺著在五十年代的上海，哪怕只剩下一個旗袍裝，也應當是她。因爲什麼？因爲她是張愛玲的朋友。

這位朋友就是著名女作家蘇青。

有句歌詞唱得好：「是親情、友情、愛情串起了男人與女人，串起了世界與美好。」女人之間的友情別具一格，女人的心事，女人最懂，所以，女人要學會與女人相處。

「招之即來揮之即去」可不好，如果疏遠了女友，只要有所「悔悟」，一切還來得及。

不管什麼時候，友誼都是一樣神聖的、不可缺少的東西。美滿的婚姻，閒暇的娛樂，幸福的家庭，什麼都不能代替朋友之情。它是思想中的火花，常常會靈光一閃。

那些有著女王氣質的女性，從來不會怠慢友情。她們追求神聖的愛情，也不忘在友情上揮灑自如。女友是「一劑良藥」，不但可以豐富自己的生活，活躍自己的思想，還能包容一切「苦水」。

手帕交抵萬兩金，讓姐妹淘做應援團

有一對從小玩到大的好朋友，她們以「姐妹」相稱，不分彼此，同時應聘到某公司銷售部門工作。不久後，姐姐工作出色，銷售業績突出，很受重用；而妹妹能力一般，經常受到上司的批評。時間長了，妹妹嫉妒心起，爲了爭取業績，竟然搶奪姐姐的客户。最終兩人鬧得非常不快，多年的友情毀於一旦。

從小玩到大的朋友，應該算是手帕交，如歌中所唱：「勾一勾小指，我們就不會絕交，小時候的煩惱，咬咬拇指就沒有大不了。」這是一種最純眞、最値得留戀的友情，也是心靈上的一種寄託和安慰。手帕交的女人之間，沒什麼大不了，一切都可以互相擔待，互相扶持，互相信任。

從此出發，手帕交彌足珍貴，所以才有「手帕交抵萬兩金」之說。意思是這種友情是金錢、利益、名聲無法相比的，是女人生命中的珍寶。

確實，有一位手帕交的女友，在一起互相關照、傾訴心聲、無拘無束，不必顧及主流男權社會的尺規帶來的束縛，夠刺激，夠享受，夠HAPPY。

然而，有些手帕交的女友還是翻了臉。比如前面提到的「姐妹」，嫉妒作祟，讓她們不顧友情，傷了和氣。再好的友情也有受傷的時候，關鍵是有沒有理順好彼此的關係，那位「姐姐」在春

風得意的時候，及早地拉「妹妹」一把，或者那位「妹妹」及早地向「姐姐」學習銷售之道，也許就沒有後來的分道揚鑣。

看看下面三位手帕交的女人，是如何把友情點石成金，做大生意，過好日子的。

任文君、王心瑞、劉琳娜三人從小一起長大，都喜歡縫織繡。大學時她們讀了不同科系，畢業後做了不同工作。後來劉琳娜去美國讀書，那時美國十分流行拼布，她縫製了一些帶回來送給兩位好友。

任文君和王心瑞都很喜歡，那時台灣還不太流行拼布，於是她們想：「我們能不能做呢？能不能在一起做這件事呢？」

三個人表決，全數通過。後來她們開設了拼布教室，本來聚少離多的三位好友從此整天混在一起。雖然是好友，但她們明白，既然是經營拼布教室，就不能兒戲，必須有章程，分清責、權、利。

由於從小在一起，彼此瞭解，個性化分工非常合理。王心瑞，從小到大都是三人中的「老大」，做事認眞，適合財務；任文君，開朗，有一股子韌勁，從不服輸，適合開拓市場；劉琳娜，熟悉拼布裁縫，自然負責供貨、採購工作。

工作展開了，但是好友共事歷來都不簡單，因此也被稱爲「危情關係」，形容彼此之間容易生出事端，影響事業。何況還是女人？好像更不好相處。

這三位手帕交的女友，有著不一般的管理手法。她們在明確分工的同時，制訂了規章制度，對事不對人。遇到不同意見時，舉手表決，無法通過時，就不斷地交流，直到三個人都同意了才執行。

在共同努力下，五年後，她們的事業如日中天，拼布也在台灣女性中開始流行起來。

三位好友不僅一起做成了事業，還摻合著成就了愛情和家庭。王心瑞要嫁人，任文君和劉琳娜提出「面試」未來的姐夫，面試通過，王心瑞才嫁人。劉琳娜也是一樣。她們把每個人的婚禮都辦得熱熱鬧鬧。

手帕交帶來了財富和幸福，眞是「千金易得，眞情難覓」。尤其是她們爲姐妹們「面試」老公的片段，更讓人領略到女性友誼的不同尋常。生活中女人出嫁時，常常聽到她的朋友同事們會說：「不用怕，我們都是娘家人，以後有事找我們。」

言下之意，在婆家受了氣，娘家人會替妳出面；過日子遇到困難，娘家人會隨時支援。

以「娘家人」自居的，誰也抵不過手帕交的女友。

新婚之夜，新郎捧著新娘的臉說：「我可不敢欺負妳，要是妳不高興了，我還不被妳娘家人打死。」他說的娘家人就是新娘的女友。婚禮前，該女友對新郎說：「新娘子從小身體很嬌弱，你不

能太過分哦。不能叫她多做事；家務事你必須多做，知道嗎？她很愛哭，你什麼事都要讓著她，哪天她要是哭著回家，我一定跟你沒完……」

這就是知心知己女友才會說的話。這樣的女友，也叫做姐妹淘。《慾望城市》是女人人見人愛的一部戲，戲中四個紐約曼哈頓的白領女人在酒吧、餐廳等地自由、開誠佈公地談論著「性」，這一場景讓女人們爲之傾倒。女人，不再因爲弱勢而團結在一起，現代的她們更自由、平等，也更開放，更喜歡發展親密的姐妹淘。

最著名的姐妹淘莫過於大Ｓ的了。從默默無聞的小明星奮鬥成家喻户曉的美容大王，從「剩鬥士」到與富二代汪小菲閃電結婚。大Ｓ一路走來，離不開姐妹淘的大力支援，姐妹淘，成了她的應援團。

大Ｓ是個性女王，想愛情，愛名牌，更愛姐妹。最早她與妹妹小Ｓ一起出道打拼天下，成就了姐妹倆的名氣，後來，她的姐妹淘不斷擴大，范曉萱、范瑋琪、阿雅、吳佩慈、張惠妹，先後踴躍加入。

姐妹淘的力量越強大，她們個人的名聲越響亮。如今的她們都是娛樂圈一等一的女星。沒有姐妹淘，人生就不完整。沒有姐妹淘，就失去了支援。

大Ｓ與汪小菲的戀愛婚事曾經備受非議，然而，姐妹淘無一例外選擇站在了大Ｓ一邊，支持她、安慰她、鼓勵她。姐妹淘給大Ｓ帶來的力量，也許只有她自己最清楚。

姐妹淘是女人的心靈補品，正如范曉萱在《姐妹淘》中所唱：「要不要要不要放下煩惱，我們到山上繞一繞。我在唱妳在跳，圍著柴火在舞蹈，享受美酒和佳餚，住在山裡的孩子，赤著腳奔跑，HEY笑一笑，沒有什麼事大不了，聽大自然的心跳。」

姐妹淘帶給女人的，不僅是力量，還有自然的享受，生命的昇華。

手帕交的女人之間，沒什麼大不了，一切都可以互相擔待，互相扶持，互相信任。有一位手帕交的女友，在一起時互相關照、傾訴心聲、無拘無束，不必顧及主流男權社會的尺規帶來的束縛。現代的她們更自由、平等，也更開放，更喜歡發展親密的姐妹淘。

同性之間的偽裝

親如姐妹，才稱得上姐妹淘。然而，女人之間的相處並非如此簡單，如果單純地以爲姐妹淘就可以無所顧忌，想做什麼就做什麼，就大錯特錯了。「好友搶親」的故事時常上演，本來是好姐妹，因爲一個男人糊里糊塗反目成仇；嫉妒生恨的辦公室情景劇也很常見，本是工作中的好搭檔，一不留神慘遭陷害。小三、小人固然可恨，可是那些被搶親、被陷害的女人們，除了怨恨之外，是否想到了問題的根源所在？

女人交往存在一條奇怪定律，越是親密，翻臉的機會就越大。女性的心理特點決定，她們更依賴各種關係，所以與好友相處時，喜歡把所有的心事和隱私和盤托出；女性的心理特點又決定她們敏感而脆弱，一旦發現彼此的關係有些鬆動，或者好友傷害到了自己，就會將對方的隱私毫不留情地公之於眾。

從這些特質分析，女性交往時，不要過於天真。心無城府本是褒義詞，說明一個人胸懷坦蕩，無所隱藏。可是再好的友情也分彼此，不分你我只是一種理想的境界，真的把兩個人變成一個人，這是不現實的。

所以，正確處理友誼，女人需要動腦子，留意自己的言行舉止，不要一不小心登上對方的「知己」黑名單，被對方視爲仇敵，還不知道怎麼回事。

有人如此警告女人：「我們和朋友在一起，可以脫掉衣服，但上陣要穿甲。」他告訴女人對待朋友要有限度。裝假不好，處處坦白，也不成。

「僞裝」一詞聽起來特別奇怪，卻是女人處理友情的秘訣之一。越是親密的夥伴，越要時刻記得這兩個字。比如談戀愛時，女人喜歡表現出幸福的樣子，把自己的幸福感受一點一滴傳達給好友。好友可以分享妳的快樂，但好友也會把這當作妳的炫耀。女人交友最大的特點只能心平氣和跟比自己倒楣的人來往；一旦對方比自己幸運快樂，就心生不適。不是她們不希望好友幸福，而是她們一個勁地想：「爲什麼我沒有這麼好運？」嫉妒之心由此產生。

麗麗和玲玲是一對姐妹淘，婚後依然保持親密聯繫，就連彼此的老公也很熟悉。麗麗的老公賺錢多，又顧家，她很幸福，常常跑到玲玲那裡去說。一開始，玲玲很爲麗麗高興，還不時地替她出謀劃策，如何拴住老公的心，讓婚姻更美滿。

可是有一次，麗麗再次對玲玲談起幸福時，玲玲心不在焉，興趣全無。麗麗自顧自地說了一堆，啓程回家，沒把玲玲的反應放在心上。

豈料，從此之後兩人的關係急轉直下，麗麗幾次聯繫玲玲，對方都沒有多大熱情。一天，兩人偶爾在超市相遇，玲玲打扮得花枝招展，像變了個人一樣。麗麗覺得很奇怪，就走過去與之攀談，玲玲沒聽幾句，就草草地說了聲「拜拜」。

爲什麼會這樣？麗麗心裡一直想得慌，卻也理不清原因。老公勸她：「別想那麼多了，人各有志。」

直到有一天，麗麗從外人嘴裡聽說玲玲離婚了，吃驚不小。她回想兩人的交往，忽然想起那次與玲玲談論幸福時，玲玲一副不自在的表情。她明白了，由於自己的疏忽，刺激了好友。

將幸福太外露，又不去顧及他人的不幸，當然引起好友反感。朋友是什麼？一句話，雪中送炭強似錦上添花。每個人都渴望友誼，下意識裡就是希望朋友可以提升個人抵禦風險的能量，而不是多個人分享自己的快樂。

因此，女人在與同性交往時，一定記得有所保留、有所僞裝，哪怕幸福在心裡已經裝不下了，也不要過多地流露。聰明的女人之間交往，總會小心翼翼地維持著彼此之間的心理平衡。比如如果想討得對方歡心，就不要比她穿得好。這是因爲每個女人都特別在意外表，對於外表優異的同性，會抱有天生的敵意，而且越是美麗的女性，攀比越盛。所以，不要在外表上與同性較勁，一旦較上了勁，兩人成爲朋友的可能性就大大降低。

除了外表僞裝外，她們還懂得言行僞裝。比如她們不會長久地對視，尤其是視線中不能缺乏誠意，或者夾雜著一些探尋秘密的東西。女性及其敏感，她們不會喜歡這樣盯著自己看的女人，這是一種隱性的對抗，是一種挑釁。即便很愛錢，也不要每句話都離不開「錢」字，不停地打聽東西的價格。每句話都要提到錢，說到錢，只能說明內心物慾強烈，這樣的女人不會討得他人眞心喜歡。

一個女孩和男友去約會，回來後同室的另一個女孩立即跑過來，搶過她手裡的包包，驚喜地叫道：「哇，這是香奈兒耶，多少錢？」不等回答，又掀起她身上的服飾，眼睛瞪得更大了：「這身衣服多少錢？」沒等回答，卻已經站直了身子，盯著對方的眼睛問：「喂，他們家到底有多少錢？」第一個女孩吃驚地看著她，一語不發。

這個片段中，兩個女孩都沒有僞裝好自己。第一個女孩過多地暴露了男友為自己買的東西，無疑是炫耀自己的幸福；第二個女孩張口就是錢，也許她內心眞的好奇，可是也顯示出她的羨慕嫉妒之情。學會僞裝自己，不管多麼愛錢，都要裝得清高點。

要想博得同性好感，交際場中一定不要以「我的事」開場。關心對方的事，並以「妳的事」做開場白，會迅速拉近彼此關係，讓她感到自己在妳心目中很有地位，很受尊重。所以，女人在與同性交際中，一定要隱藏好自己的傾訴慾，滿足對方的傾訴慾，這樣妳就成功了一半。

還有，在同性面前，不妨適當地裝裝「假小子」，淡化自己的性別屬性。女人之間天生存在著競爭，適當地遮掩一下自己的雌性特色，會淡化對方的敵意，至少會淡化天然的競爭意識。

女王攻略

女人在與同性交往時，一定記得有所保留，有所偽裝，哪怕幸福在心裡已經裝不下了，也不要過多地流露。要想博得同性好感，交際場中一定不要以「我的事」開場，關心對方的事，並以「妳的事」做開場白，會迅速拉近彼此關係。適當地裝裝「假小子」，淡化自己的性別屬性，也能淡化天然的競爭意識。

友情是一場雙贏的遊戲

從內心講，每個女人都希望擁有好人緣，有一群能夠互相幫助的朋友。這是好的想法，卻不見得人人都能擁有。有太多女人總是抱怨別人辜負了自己，覺得自己付出了很多，卻沒有獲得想要的回報。

追根究底，在別人辜負妳的同時，妳又爲對方做了什麼？如果以爲友情是爲了獲取，那麼出發點就錯了。試看每一個人，不管地位如何，成就怎樣，收穫的一切，享有的一切，都不是平白無故得來的，是許多人共同創造、奉獻的結果。可能，妳看不到別人的付出，但是沒有那些「別人」，也不會成就今天的妳。

也許有的女人會說：「我才不管這些大道理呢，我只想做到收支平衡，不想付出沒有回報。」這些女人沒有弄明白：眞正的友情都是一場雙贏的遊戲。互相有所收穫，才是友誼的本質，談不上誰付出誰回報。非要搞清楚付出多少、回報多少，這不是眞正的朋友。

有個故事叫《鋼琴上的黑白左右手》，來自兩個人的一雙黑白手，共同彈奏出世間最美妙的樂曲。那是上世紀八十年代的某個春天，「東南老人療養中心」走進一位右手殘疾的黑人婦女，她就是瑪格麗特夫人。當療養中心一位員工向她介紹中心的基本情況時，一架鋼琴吸引了她，她緊緊盯著鋼琴，眼裡流露出一絲痛苦的神情。細心的員工發現了這點，關切地問她：「怎麼了？」「沒什麼，只是看到鋼琴，勾起了過去的許多回憶……」瑪格麗特向那位員工談起了自己過去輝煌的音樂生涯，禁不住淚水盈眶，惆悵的思緒好像又飄回到從前的舞臺。

「您請稍等。」那位員工聽著瑪格麗特的敘述，好像突然想起了什麼，說完急匆匆走了。不一會兒，員工領著一位嬌小白髮戴著厚重眼鏡的白人婦女走來，向瑪格麗特介紹說：「這位是露絲夫人，跟您一樣，也是位鋼琴演奏家，自從中風後，再也無法彈琴了。」瑪格麗特伸出自己健康的左手拉住露絲健康的右手，親切地做了自我介紹。

兩個身患殘疾的老人一起坐在鋼琴前。「您熟悉蕭邦降D大調的華爾滋嗎？」露絲露出喜悅的表情，柔聲地問。

「那是一首美妙的曲子，我們的確應該試試。」瑪格麗特充滿嚮往地回答。於是，鍵盤上出現兩隻健康的手，一隻黑色的左手，一隻白色的右手。奇蹟出現了，兩隻美麗的蝴蝶，在鍵盤上飛舞起來，一曲優美的華爾滋像幽靜的小溪，緩緩地流淌出來，流進人們的耳朵，流進人們的心田。

從那天起，瑪格麗特和露絲兩人就再也沒有分開，她們每天一起坐在鋼琴前，瑪格麗特殘疾的右手摟著露絲的肩膀，露絲殘疾的左手放在瑪格麗特的膝蓋上。一曲一曲美妙的樂曲又重新回到她們的耳邊，讓她們再次沉浸在音樂的歡樂時光裡，彷彿回到了從前。

她倆彈琴、聊天、互訴衷腸，如同親生姐妹。她們有共同的快樂和不幸，都在丈夫去世後過著單身生活，都失去了兒子，都有一個慈愛的心。她們互相介紹各自的舞臺生涯，互相交流音樂心

得，互相切磋鋼琴技藝，配合越來越有默契，心靈越靠越近。

一晃五年過去，她們的演奏日臻完美，如果不是親眼看到，沒有誰會相信那完美的樂章竟來自兩隻不同的黑白之手。

她們一起去教堂、學校、老年康復中心頻頻演出，用一曲一曲美妙的音樂，感化人們的心靈，給人們帶來美好的享受，獲得了人們由衷的讚譽和尊敬。

瑪格麗特常常坦露心曲：「我是不幸的，又是幸福的，命運剝奪了我演奏鋼琴的權利，但上帝又給了我露絲。」

露絲則誠懇地說：「這五年，瑪格麗特深深地影響了我，給了我無數溫暖和慈愛，是上帝的奇蹟將我們結合在一起。」

從友情中昇華自我，在彼此交往中形成一個只可感知卻不可視的磁場，這種無形的磁場拉近彼此的心靈距離，吸引彼此互相欣賞、互相信任、互相感知，這樣的友情是無價之寶。

茫茫人海，有一顆眞正懂得自己的心，從那裡可以獲取安全和溫暖，體會世間眞情，這是多麼可望而不可及的事情。

眞正的友情不會奢望回報，只是期盼一份感情可以水到渠成地超前發展。在發展中，不僅有快樂，也有痛苦，能夠共同承擔這一切，友情才會越來越堅實。

美國紅杉樹聞名於世，是世界上最高的樹種之一，也是地球上最龐大的植物之一。據考察，紅杉樹有的高達三百英尺，壽命長達兩千五百多年，可謂世界奇蹟。紅杉樹主要生長地在美國加州沿海一帶，那裡經常發生颱風和暴雨天氣，氣候很惡劣，不利於植物生長。

可是紅杉樹能夠如此頑強地成長，不少人猜測它們一定具有龐大的根系，伸展到地下幾百英尺，牢牢地抓住地下土壤，讓紅杉樹不被狂風暴雨刮倒吹走。

然而，事情的眞相出人意料。紅杉樹的根基並不深，因爲加州海灘特殊的地質條件讓它們的根部無法札得太深。

它們不畏風暴的秘密在於每棵杉樹的根都和周圍杉樹的根縱橫交錯地鎖在一起。

雖然表面上看起來是一棵棵獨立的杉樹，風暴來襲時，它們的根卻互相支持、互相保護，一同抵禦了上千年的風雨。

互相扶持，盤根錯節，誰也離不開誰，只求雙贏，不求其他。

真正的友情都是一場雙贏的遊戲。互相有所收穫，才是友誼的本質。非要搞清楚付出多少、回報多少，這不是真正的朋友。真正的友情不會奢望回報，只是期盼一份友情可以水到渠成。有快樂，有痛苦，能夠共同承擔一切，友情才會越來越堅固。

借個肩膀靠一靠

在怨婦群體中，有類女人屬於孤芳自賞型。她們總是對自己特別感興趣，戀著自己的雙眸、戀著自己的秀髮、戀著自己的舉止、戀著自己的情緒，總之她們認爲自己一切都是好的，值得肯定的，不入世俗之流的。

有著這樣情懷的女子，可能清高一世，但絕不會幸福一生。

過於自戀的傾向使她對人十分挑剔苛刻，自然破壞了平等互利的交往原則，誰願意做這種女人的陪襯品和犧牲品？誰也不願，因此她們的朋友只會越來越少，註定一生孤單。

孤單的女人最容易成爲怨婦，到頭來覺得這個世界拋棄了她。

從前，有位孤獨的老婦人，和她的貓相依爲命過日子。一天，老婦人帶著貓到教堂祈禱，天使降臨現場，對她說：「我會滿足妳的三個願望。」

老婦人說：「我想回到二十歲時的樣子。」

天使的魔棒一揮，老婦人變得年輕漂亮。

接著她說出第二個願望：「我希望身邊滿是鮮花。」

天使又幫她實現了。

這時，老婦人看了看身邊的貓，情深意長地說：「我希望把這隻貓變成年輕瀟灑的紳士。」

立即，貓變成了一位二十歲左右的帥哥。然後，他走到老婦人面前貼著她的耳朵低語一句：「親愛的，我早就看好了隔壁的艾莉絲小姐，妳什麼時候幫我們撮合？」

老婦人一聽，當場暈倒。

沒有友情的人生是可怕的，哪怕有了機會，也因為沒有好人緣，與好運失之交臂。所以，聰明的女人不會讓自己孤獨，她們培養強大的氣場，鑄就自己的女王氣質。

不管是男人還是女人，她們都樂於交往，樂於與他們發展情誼。在現代紛繁複雜的社會中打拼，女人少不了危機，少不了苦惱，關鍵時刻，借個肩膀靠一靠，讓自己有了片刻歇息，有了喘息之機，有了再次出發的動力。如歌中所唱：「借個肩膀靠一靠，再多的苦和累統統化掉。」這樣的女人永遠都會笑傲人生，在交際圈中揮灑自如。

一代才女林徽音，秀外慧中，多才多藝，在當年北京的文化圈裡，她以才貌雙全而聞名。在建築領域，她又是研究建築史的大家，常常不顧重病在身，顛簸在窮鄉僻壤、荒山野嶺，在荒寺古廟、危梁陡拱中考察研究中國古建築。

林徽音出身鐘鳴鼎食詩禮之家，卻從不孤芳自賞。在她的身邊，團結了一大批當時中國一流的文化學者，她就是一個高級文化沙龍的女主人。

提到林徽音，不可不說由她主演的三個著名愛情故事：與徐志摩演出的青春感傷片，浪漫詩人

癡迷上了才貌雙全的美少女，雖沒有結果卻迷倒了數萬觀眾；與建築學家梁思成的婚姻正劇，夫婦恩愛，舉案齊眉，是丈夫不可或缺的事業夥伴和生活助手；還有一段悲情故事，就是邏輯學家金岳霖爲了林徽音終生不娶，大半生的時間都是「逐林而居」，追隨她左右。

從這些描述中就能想像得到，林徽音是怎樣傾倒眾生的女子。在二十世紀的中國，不乏優秀的女性人物，可及得上她的成就和魅力的，還不多見。

其實，女人最獨特的智慧就是如魚得水的交際天分。她們善於處理人際關係，擅長與三教九流的人廣交朋友。只要把自己的長處表現出來，女人不愁找不到「肩膀」靠一靠。

這個「肩膀」可以是男人，也可以是女人，可以是好友，也可以是普通同事。

再強大的女人也有累的時候，也有苦要訴，這時，一個可以靠的「肩膀」至關重要。在「肩膀」面前，不必過於拘謹，不必太過精明，不必過於掩飾自己的失落。或者痛快地流淚，或者撒撒嬌，或者肆無忌憚地發洩一下不滿，或者什麼也不做什麼也不說，只是有個伴陪陪自己，這一切都會有助於心理舒緩，心情改善。

當然，不是所有女人都有「肩膀」可靠，那些性情孤獨的女人就要注意，除了關注自己外，拿出一點點時間去關注別人，培養自己對他人生活的興趣。可以從一個人的私事談起，使彼此的交流更輕鬆些，慢慢解除自己的封閉習氣。

信賴別人。信賴是個好伴侶，妳越是信賴她，她越是給妳幫助和支持。所以，信賴一個人，會很容易讓人交到一個知心朋友，讓人覺得愉悅。

融入社會這個大家庭中，以互通有無的心態去做人，吸納朋友，從中汲取成長的營養，這樣才會避免許多不必要的情緒「地雷」，使自己成爲一個處處受歡迎的女性。

在這裡，有必要多說一些異性交往的話題。與異性交往歷來是女人倍加小心的事，她們很擔心出現誤會。老天就是這樣，妳怕什麼就來什麼，異性之間交往總是有著扯不斷理還亂的東西。

避免麻煩，就要擺正心態，「輕視」異性。不是不把異性當回事，而是說不要太關注性別差異，以一種平等、健康、冷靜的心態來理解交往異性。

男女有別，彼此存有好奇和神秘感，這是正常生理反應，但是一味縱容這種感覺，就容易產生說不清道不明的煩惱。所以，淡化性別差異，不把性別當回事，會更有助於妳處理異性關係。

同時，也要淡化妳在異性朋友心目中的性別特色，不要老是認爲自己是女人，就該怎樣怎樣。請永遠記著那句話：這個世界唯一不會妒忌妳的人只有妳的父母。

還有，不要試圖與N個男人保持曖昧的關係，再從中選擇一個做爲男友。最後的結局一定是妳會統統失去他們。因爲妳永遠都會後悔自己的選擇，永遠都會覺得未選擇的會更好。

孤單的女人最容易成為怨婦，到頭來覺得這個世界拋棄了她。其實，女人最獨特的智慧就是如魚得水的交際天分。她們善於處理人際關係，擅長與三教九流的人廣交朋友。只要把自己的長處表現出來，女人不愁找不到「肩膀」靠一靠。這個「肩膀」可以是男人，也可以是女人，可以是好友，也可以是普通同事。與異性交往，就要擺正心態，學會淡化性別差異。

第八章

Chapter 8

怨婦安於現狀，女王活到老學到老

怨婦排斥新事物，女王宣導新觀念

「總把新桃換舊符」，是說人要不斷進步，有創新的思維和觀念。比如花過多時間維持對自己沒有益處的陳舊關係，不如開闊思路，積極尋找新的社交資源。在戀舊方面，女人表現尤爲突出，因爲不忍心，因爲捨不得，還因爲對未來的把握不夠，滿足於現狀，她們在新事物新觀念面前，常常駐足觀望，持排斥態度。眼下已經足夠了，何必冒險改變？

尤其是年齡大些的女人，更不贊成創新之事。已經習慣了現有的生活方式，改變對她們來說，意味著不適應，甚至被淘汰。所以，她們看到子女們的新潮打扮，會嘮叨不滿：「像什麼樣子，不倫不類！」看到身邊日新月異的變化和發展，會感慨萬千：「變來變去的，也不嫌麻煩。」她們遲遲不願更換家裡的舊電視，還振振有詞：「又沒壞，再買新的太浪費了。」她們不肯學習電腦新技術，總說：「這有什麼用？」

拒絕變化，拒絕學習，這樣的女人隨著年齡增長，怨氣會與日俱增。

社會在發展，時代在進步，變化是永恆的主題。不能跟上變化的節奏，事事處處拖後腿，這種古板的女人只能脫離主流，成爲自怨自艾的怨婦。

蔣小姐是一家綜合性雜誌社的編輯，人長得漂亮，很有才華，寫得一手好文章。可是她卻被大家稱爲「冷面美人」，因爲她爲人古板，不苟言笑。這也罷了，她很少聽進去別人的新主張新見解。一次，她編輯的一篇稿子，美編提議添加一些漫畫插圖，增加閱讀快感。她一聽馬上反對：「這怎麼能加呢？這是沒有先例的。」

又過了不久，一位同事推出了一篇文章，其中用了很多流行網路語彙，讀者迴響不錯。在大家興高采烈討論這件事時，她當頭一棒：「標新立異，有什麼值得說的！」

排斥新事物，就是不相信未來，缺乏信心。說到底，這是女人的自卑心理在作祟。

有一個笑話說，有個女人死後升上天堂，看到很多日本小房車，卻不見幾輛勞斯萊斯大房車，不僅奇怪地詢問原因。聖彼得攤開雙手無奈地說：「我們也沒有辦法，下面人祈禱的時候，絕大多數人要求天主賜給他們日本房車，只有極少數人要求擁有勞斯萊斯，所以就有現在這種奇怪的現象存在了。」

沒有夢想的人生註定要平淡，拒絕未來的人生註定不成功。

有渴望，就要有信心，有信心，就能勇於創新。生活中很多本來扮演著依附性角色的女人，在一旦失去男性的依靠後，往往會爆發出驚人的力量。

不要迴避和害怕挑戰，如何轉動地球，只有想辦法給自己一根足夠長的杆。培養成功的意識，就要敢於宣導新觀念。

曾幾何時，百變女王梅豔芳牽動億萬人心，創造樂壇一段永遠的神話。二十世紀八〇年代，梅豔芳開創樂壇先河，舞臺表演聲色藝俱全，以形象獨特和挑戰傳統的音樂重新定義了華語流行曲，創造了一種前無古人的女性舞臺形象。

在梅豔芳之前，音樂的表現形式是歌手注重唱功，人們以「聽」爲主。梅豔芳打破傳統，不斷創新求變，臺風大膽，風格多變，被譽爲「東方瑪丹娜」。憑藉精湛的歌藝、多變的裝束、誇張的濃妝和大膽的表演，開創了華語歌壇「百變形象」的先河。從她開始，歌手的表演不再侷限於「聽」，還多了「看」。

梅豔芳不僅注重表演風格上的多變，還不斷嘗試不同風格的歌曲。她唱過叛逆的《壞女孩》，也唱過典雅的《似是故人來》；她唱過性感的《烈焰紅唇》，也唱過傳統的《夢裡共醉》。她開啓了屬於自己的流行時代，她將中西方文化相結合，成爲香港這座城市的時代文化縮影，無可爭議地登上華語樂壇一代歌后的寶座。

「百變梅豔芳」是人們對她的敬稱，也是對她藝術生涯的高度概括。敢於宣導新觀念，梅豔芳引領藝術潮流，不愧爲樂壇天后。就連香港總督董建華也曾這樣評價她：「梅豔芳極富創意和毅力，憑藉自己的努力將事業帶上高峰，是香港成功的典範。」

梅豔芳皈依佛門後，她的導師夏瑪巴寧波車認爲：「她是一位出色的學生，當她知道有阿彌陀佛淨土後，她一直嚮往，不單是爲自己，更是爲眾生福祉。」正是這樣的進取精神，讓她不再平凡。

想要成為女王，就要具備這樣的創新意識和能力。縱觀各行各業的強女人，莫不是勇於突破條框，勇於尋求新變化的人。陳舊意味著落伍，這可不是女王們喜歡的東西。創新意味著時尚和進步，這才是女王的追求。

悅納自己的不完美

有則寓言故事講：南北各有一位美人，她們彼此聽說對方的美貌後，很想見一面。偶然的機會，兩位美人見面了。南美人見到北美人豐滿美麗、端莊大方，北美人見到南美人苗條清秀、窈窕多姿。見面後兩人各自回到南北。

南美人心想：「北美人那麼漂亮，就是因爲長得豐滿有女人味，我要是取長補短，豐滿一些，肯定會十全十美。」

北美人也想：「南美人那麼美麗，就是因爲身材苗條，我要是取長補短，減肥瘦身，一定會十全十美。」兩個美人按照所想實施「美容」計畫。

數年後，她們果眞變了模樣，不過，眾人見了她們，都嘆息說兩位美人醜得可惜。

世上總是有這樣的女人，總在追求十全十美，結果既實現不了願望，還讓自己面目全非。人生在世不如意十之八九，活著是一個不斷完善自我的過程，但永遠也不會達到十全十美。錯誤地以爲追求十全十美就是進取創新的表現，會給自己的人生加分，完全沒有必要。

有了這樣的心態，女人只會盯著自己的不足，變得狹隘片面，幽怨叢生。不信，看看那些減肥失敗的女子，哪一個不是苦惱多多。

接受新事物新觀念，並非一定否定自我。否定是缺乏信心的表現，一個沒有自信的女人，又何談創新與進步？又哪來女王氣場？只有肯定自我，認可自我，才會眞正地實現蛻變，邁向人生的更高目標。

黃美廉用她的手當畫筆，以色彩告訴人們「環宇之力與美」，並且燦爛地「活出生命的色彩」，獲得過加州大學藝術博士學位。可是誰能想到，她是一位從小就患有腦性麻痺的病人。疾病不但奪走了她肢體的平衡感，也奪走了她發音說話的能力。她從小生活在他人異樣的目光中，成長充滿了血淚。

有一次，黃美廉在某所大學舉辦特殊的演講，學生們被她不能控制自如的肢體動作震懾。有位學生忍不住小聲問道：「請問黃博士，您從小就長成這個樣子，您怎麼看您自己？您都沒有怨恨嗎？」聽眾們爲之一驚，擔心這麼刺耳的問題會讓黃美廉受不了。

「我怎麼看自己？」黃美廉用粉筆在黑板上重重地寫下這幾個字。然後，她停下來，歪著腦袋看著發問的同學，微微一笑，隨後回身繼續在黑板上寫道：

我好可愛！

我的腿很長很美！

爸爸媽媽這麼愛我！

上帝這麼愛我！

我會畫畫！我會寫稿！

我有隻可愛的貓！

還有……

會場內鴉雀無聲，誰也不敢講話。黃美廉轉過頭來看著大家，又轉過頭去在黑板上寫下了自己的結論：「我只看我所有的，不看我所沒有的。」

掌聲響起，經久不息。黃美廉斜著身子站在臺上，滿足的笑容從她的嘴角蕩漾開來。她的眼睛瞇得更小了，可是有一種永遠不被擊敗的傲然寫在她臉上。

只看自己所有的，不看自己所沒有的；悅納自己的不完美，愛自己，是健康、成熟的標誌之一。女作家亦舒說：「沒有人爲妳的快樂負責，快樂要靠妳自己去尋找。」

愛自己並非自私自利，而是接受自己、客觀地認識自己，這樣的女人更容易接受別人，也容易獲得他人認可。悅納自己，擁有健康的心態，醜陋的蛹會破繭而出，變成美麗的蝴蝶。所以，不要

仇視不完美，有了不完美，才有了改進的機會；有了不完美，才有了進步的動力。

《聖經》說：「似乎貧窮，卻是富足的。似乎是一無所有，卻是樣樣都有的。」積極和消極就在一念間，成功與失敗也在於妳的挑選中。

一堆米裡面摻進了沙子，兩者各佔一半，要是讓妳把沙子和米分開，妳會怎麼做？許多女子選擇了挑揀沙子，認爲只要一粒粒揀出沙子，剩下的大米就很乾淨了。而也有不少女子認爲，應該揀出米粒，這樣，揀出一粒是一粒。

對她們截然不同的做法，該如何評價？

如果說人生複雜，好比摻了沙子的一堆米，那麼爲了保持米的潔淨，而去挑揀沙子，恐怕一生一世都難以撿完。若是持有不斷挑揀米粒的信心和行爲，即便您看似一無所有，也比那些大富豪或身體健壯，但成天愁眉苦臉的人們更快樂；終於一天，您會獲取自己該有的一切。

如同爬梯子一樣，人生的梯子會越爬越高。只關注前進的阻力，只看到自己的不完美，將沒有信心和能力繼續向上爬。不去理睬那些阻力，坦率地承認自己的不完美，那麼就會無所顧忌，勇往直前。

著名作家勞倫斯說：「一個女人要想在生活中闖蕩，就得無所畏懼。」悅納自己的不完美，愛自己，是健康、成熟的象徵之一。接受新事物新觀念，並非一定否定自我。否定是缺乏信心的表現，一個沒有自信的女人，又何談創新與進步？又哪來女王氣場？只有肯定自我，認可自我，才會真正地實現蛻變，邁向人生的更高目標。

讀書滋養女性美

多年以前，兩位同樣年輕、同樣漂亮、同樣執著於做一名出色演員的女孩，同時與電影公司簽約。二十年過去了，兩人卻迎接不一樣的命運。

第一位女孩憑藉著漂亮的容貌和出色的演技，很快出人頭地，成爲當地有名的女演員。之後，她流連於聲色場中，依靠容貌獲得各種飾演角色的機會。機會多了，她的名聲大起來，可謂名噪一時。可惜好景不長，過完三十歲生日後，她發現找自己演電影的導演少了，而她的影迷也似乎忘記了她。更令她傷心的是，以前有成群結隊的男人來巴結自己，可是現在這些人越來越少。

另一位女孩與她過著不同的生活，她一直喜愛閱讀，多年來書不離手。她接的影片雖然不多，

但是每部都很投入，效果也不錯。特別是過了三十歲，人們覺得她的演技越來越純熟，越耐看，很多有名氣的導演找上門來，約她合作。

中國有一句古語叫做「相由心生」，意思是人的相貌除了先天遺傳的因素外，後天的修行也很重要。無獨有偶，國外也有一句至理明言：「一個人要對他四十歲以後的相貌負責。」就是說，表情是心的折射。養心可以養顏，可以提高一個人的整體素質。兩位女演員不同的人生軌跡，恰恰印證了這一事實。

女人，誰不渴望青春永駐，容貌不老？可是太多女人流於世俗，自毀形象，早早地與美麗斷絕聯繫。這樣的女人，哪裡還有半點女王氣質？

如何養心養顏，要從讀書談起。書籍是人類靈魂的鑰匙，在讀書時，一個人的心境是單純的，神態是認眞好奇的。單純的心境和好奇的神態是孩童才有的，因此會讓人保持年輕的外形和內心。

著名女演員奧黛麗 赫本六十歲時，依然風姿卓越，婀婀婷婷，純善之美，像一幅畫裡的聖母。當人們追問她爲何容顏不老、魅力永存時，她說：「多年來我一直保持閱讀的習慣，一直接受高雅藝術的薰陶。」

接受高雅藝術的薰陶，「腹有詩書氣自華」。有人說，讀書是女人最好的美容，沒有書卷氣的女人，即使有各種名貴飾品陪襯，也絕不會美麗動人。所以，書香氣可以提升女性自身的魅力，增加女人的內涵，豐富女人的視野，也是女人善待自己不失去自我的一種表現。

試想，如果女人不讀書，不具備一定的文化修養，腦袋裡空空如也，沒有任何見解和主張，怎麼和他人在精神上達到統一、在認識上達到共鳴、在靈魂上彼此呼應？

簡單的說，女人多讀書，記住一些妙語警言，在與人交往過程中，挫折時的一句鼓勵，得意時的一句警告，迷茫時的點撥迷津，都可能讓感情更上一層樓。

朝現實面說，假如女人不讀書，缺乏對男人內心的瞭解，難以走進男人的世界，哪知他什麼時候需要什麼樣的關懷？哪能與他心有靈犀一點通？

書香味是女人斷斷不能少的。

試看古時深宮，佳麗三千，怨恨無數，可是也有不少聰明女子活得很成功。從武則天到慈禧太后，她們不是「以色侍君」的玩物，她們懂得依靠書籍提升素養，提高審美情趣。慈禧進宮後習得一手好字，所以咸豐皇帝才讓她代批奏章，從而鶴立雞群，不但得到君王寵幸，還能參與國家大事。

固然，現代女人不必學習她們爭寵奪勢。但是，多讀書，讀好書，對誰也是好事。

如果妳還年輕，就把用來買彩妝的錢買書看吧，濃妝豔抹並不討人喜歡，清純的女孩最迷人。

如果妳已空洞多年，從沒有接觸書籍，該知道讀書了。每天留出點時間專門看書，政治、歷史、時尚、生活、外語、心理、養生、健康、服飾、家庭、養兒育女、女性文學，都在妳的閱讀之列。

年齡大了，青春將一去不返，再不補充點東西，再不用書籍薰陶一下自己，不但沒了當花瓶的資格，恐怕連泥罐子都稱不上了。有時候妳可能不懂，可能覺得沒有必要，但是從長遠看，對妳的人生有絕對好處。

讀書，要先學會選書。女人應該知道，如果買錯了一件衣服，失去的只是金錢，大不了不穿。而讀錯了一本書，不但意味著失去了讀另一本好書的時間和機會，而且有可能受其毒害。

女人，如果不想做怨婦，別忘了床頭放本好書。多讀書，「讀一切好的書，就是和許多高尚的人說話。」這種交流會提升女人的認識，陶冶女人的情操，享受高尚之美，潛移默化之中，女性也會變得高尚起來。

活到老學到老

孩子長大了，生活穩定了，女人在平靜之中，卻常常生出一種莫名其妙的情愫：對什麼都不感興趣，做什麼都提不起勁來。她們對著好友說：「現在眞的想開了。」是眞想開了還是沒有了追求的慾望？

多數女人在相夫教子的生活中，漸漸安於現狀，失去了上進的慾望。沒有慾望不等於「想開了」，而是心灰意冷，覺得生活沒有了意義。

這種表現看似無所謂，卻是憂鬱症的一種先兆，先是失落感，再是失去對周圍人和事的興趣，然後憂悶、煩躁，甚至患得自閉症。

這不是危言聳聽，很多女人正在實踐著這樣的過程。

改變這一現象，方法就是不斷學習，不管什麼年齡，都要學習新知識、學習社交常識、學習廚藝、學習舞蹈……活到老學到老，不僅是一句勵志的名言，還會幫助女人走出狹隘的個人空間，豐富個人生活，從而活得神采飛揚。

約翰娜．瑪克司夫人，可是西比希城大名鼎鼎的人物，家喻户曉，無人不知。她七十歲高齡時，花費六年時間讀完科隆大學教育學碩士文憑，七十九歲完成長達兩百頁的博士論文，再次拿到科隆大學教育學博士學位。而論文的題目恰巧是《如何度過晚年——學習使老人永遠充滿活力》。

小鎮的市民們，無不對這位活到老學到老，孜孜不倦求知識的老人讚不絕口，評選她爲該城「最偉大的女性」。後來瑪克司夫人做爲嘉賓，曾參加過德國著名電視主持人迪沃累克主持的脱口秀節目，使整個德國有機會認識了這位說話幽默風趣、有條不紊、精神矍鑠的古稀老人。

退休前，瑪克司夫人一直在一家公司工作，她活潑開朗、積極樂觀，工作生活充滿了快樂和笑聲。退休後，生活一下子清靜下來，她不甘寂寞，打算用學習安度晚年，讓學習給自己帶來愉快充實的生活。

最初，她上了一個法語班，後來看到科隆大學招收老年大學生的消息，便鼓起勇氣，報名成爲一名正式的大學生，那年她已經六十五歲。畢竟年齡大了，剛開始學習時，她感到很難適應，一切重頭做起，一切自己安排。隨著學習的深入，她逐漸摸清了規律，逐漸適應大學學習的節奏，學習勁頭越來越足，成績越來越好。憑著年輕時累積的豐富知識和打下的堅實基礎，加上刻苦用功，她的成績經常名列前茅。

她雖然是六十多歲的老人，卻有一顆年輕的心。她和年輕的同學一樣，穿運動裝、牛仔褲，參加運動訓練，玩各種遊戲，儼然充滿朝氣的青年人。學習期間，她學會了電腦操作，並不時回家操持家務，和家人共同進餐。做到了學習生活兩不誤，既快樂，又充實。

瑪克司夫人博士學習期間研究的方向是老年婦女如何安度晚年，爲了使自己的研究深入細緻，她去多家養老院和普通人家，採訪了三十四名終生不忘學習的老年婦女。由於是同齡人的緣故，她們更願敞開心扉，毫不保留地傾訴她們那一代人，二次世界大戰遺留在自己內心深處心靈的創傷和靈魂的洗禮。她們進入老年後，無一例外地帶有孤獨、失落、傷感等負面消極的情緒，給生活帶來了一定影響。

正是由於老年後，有大量空閒的時間，孜孜不倦的學習，使她們感到了充實和快樂，使生活豐富多彩，有的老年人還因此克服了酗酒、吸毒或依賴藥物打發時光的不良嗜好。瑪克司夫人認爲，人進入老年後，大腦的鍛練尤爲重要，她建議用背誦歌詞和單詞鍛練大腦，認爲那是很好的智力鍛練方式。

她在論文中強調，每個人都會衰老，這是不可抗拒的自然規律，但是選擇什麼方式度過晚年，卻可以由自己決定。她提出了兩個關鍵，一是堅持學習，一是堅持運動。

建議所有的老人至少選擇一種能力所及的運動，並要長期堅持，不能只說不做。她的口號就是，堅持學習，天天鍛練，使自己年輕十歲，身強體健。

瑪克司夫人曾接到一位三十歲少婦寫來的信，她在信中說：「聽了您的故事，我再也不怕變老了。」

古人說：一日不讀書，心意無佳念；一月不讀書，耳目失清爽。何況一輩子不讀書，那無疑一個聾子和瞎子。學習不分早晚，是人生永恆的主題。尤其到了日新月異的今天，科技在更新，知識在改變，不學習，就會被淘汰。所以，比爾·蓋茲說：「在二十一世紀，人們比的不是學習，而是學習的速度。」

從維持婚姻關係上說，有幾個男人喜歡無知的妻子呢？「沒共同語言」，是很多男女分手的理由，爲什麼沒有共同語言？往往是女人封閉在家庭小天地中，不學習不進步，跟不上時代步伐，跟不上男人的思維能力，結果雙方不再「般配」，相向而尷尬，只好分手了之。

所以，女人學會學習，就是在把握未來，就是學會幸福。

女人學習，不見得一定學習專業知識，不見得一定為了工作和事業加油充電。滋養心靈，填補空洞，品味人生樂趣，提升自身修養，將更有意義。

在心裡點一盞長明燈

在古代，新婚之夜在洞房裡點花燭是習俗。新娘子進門後，把從娘家帶來的「燈」點上，直至第二天早晨都不能滅，叫做「長明燈」，意喻婚後幸福美滿，百年好合。

女人嫁人時，都在心裡藏了一盞「長明燈」，希望會一直幸福下去，源遠流長。這樣的願望非常美麗，卻大多不能實現。由於種種原因，太多女人生活得不夠如意，或者家庭不夠和諧，或者缺錢花，或者錢多了生出是非，或者子女沒出息，或者子女不孝順……

人生漫漫，變數無限。有些女人經受不住生活的打擊，消沉失落，甚至走上不歸路；有些女人卻在挫折中成長成熟，更加堅強，成爲主宰自己命運的女王。

變化是常事，變化不可阻擋。適應變化，女人除了學習外，應該懂得在心裡點一盞長明燈，永不放棄，照亮自己，也照亮他人。

二十世紀八〇、九〇年代，很多女工失業，沒有了經濟收入。她們多數文化程度較低，沒有特長，面對生活巨變沒有應對能力，覺得世界欺騙了自己，社會拋棄了自己。可是這有什麼用？等待她們的是經濟匱乏，生活困難，家庭震動，有些人甚至因此失去了婚姻。

然而，有一位女性在變動中沒有落伍，反而迎頭趕上，從普通女工成了著名女企業家。她就是陶華碧。

一九八九年，陶華碧用省吃儉用賺下的一點錢開了家簡陋的餐廳，賣涼粉和涼麵。她用自己特製的麻辣醬做涼粉的佐料，結果生意漸漸興隆。

有一天，陶華碧有些不舒服，就沒有專門製作麻辣醬，心想：涼粉的拌料好幾種，缺了麻辣醬也沒什麼。誰知，顧客卻不買帳，進門後聽說沒有麻辣醬，轉身就走人。

陶華碧很困惑：這是怎麼回事？難道顧客是因爲喜歡麻辣醬才來吃涼粉的？

有了這樣的想法，她開始潛心研究麻辣醬。經過多次反覆試製，製作的麻辣醬風味越來越獨特、好吃。前來吃涼粉的顧客，吃完飯後還掏錢買她的麻辣醬帶回去，還有人甚至不吃涼粉專門來買麻辣醬。

到了後來，陶華碧的涼粉生意日漸蕭條，可是麻辣醬卻做多少都不夠賣。

這時，陶華碧又困惑了：麻辣醬不過是一種佐料，這些人買這麼多，能吃得了嗎？

這天中午，陶華碧賣完了麻辣醬，店裡一個客人也沒有了。她懷著困惑，信手關上店門，想出去看看其他店家的生意怎麼樣。這一走不要緊，陶華碧大吃一驚，十多家賣涼粉的餐館和食攤，家家生意紅火。她細心打聽，更加驚訝，原來這些店家做佐料的麻辣醬全是從她那裡買來的！

陶華碧簡直都快氣炸了：我用自己的東西餵肥了別人，卻害了自己！眞是可恨！一氣之下，她再也不單獨賣麻辣醬了。

這一下其他店的老闆害怕了，紛紛上門求她，還開玩笑說：「妳呀，做的麻辣醬這麼好吃，就別賣涼粉了，開家麻辣醬工廠吧。」

陶華碧聽了這話，靈感迸發，心想：對呀，這麼多人喜歡吃我的麻辣醬，我就開家小工廠，也嚐嚐做老闆的滋味。從此，「老乾媽」麻辣醬誕生了。陶華碧也脫胎換骨，成爲了著名的女企業家。

幾經周折，陶華碧從普通女性到名利雙收的女企業家，實現了人生巨變。在這種巨變之後，是陶華碧不肯服輸的奮鬥精神。假設，她安心做一名賣涼粉的，就不會製作出人見人愛的麻辣醬；假設，她安心賣給客人麻辣醬，就不會發現其他店家的秘密；假設，她安心普通的生活，就不會創造出「老乾媽」品牌，更不會引領麻辣醬市場潮流。

人生多變，創意無限。

保持求知慾和好奇心，猶如點燃的長明燈，可以提供強大的、源源不絕的動力，就能不斷接受新鮮事物，更新自己。沒有進取心，如同熄滅了長明燈，形似枯木，不是缺乏思想，就是缺乏行動，註定只會走向失敗。佛家云：「自己照亮自己，不要指望他人。」什麼心態決定什麼形象，沒有一個肯爲大家服務的心態，自然也不會成爲大家心目中的神。所以，在將人生帶入更積極的軌道之前，得先去轉變心態。

《愛麗絲夢遊仙境》中的主角愛麗絲曾經遇到過幾張撲克牌，這些撲克牌是兩面的，要想眞正認出它，必須看完兩面。這也是提醒她必須全面地看問題。對待人生的態度亦是如此，只按照一種思維模式去做人做事，就會走進狹隘的死胡同，陷入自欺欺人的巨大陷阱之中，變成一隻自己追逐自己尾巴的狗。傑出的哲學家和心理學家威廉．詹姆斯說：「我們這個時代最偉大的發現，就是人們可以透過改變自身的思想觀念，進而改變自己的生活。」

女王攻略

變化是常事，變化不可阻擋。適應變化，女人除了學習外，應該懂得在心裡點一盞長明燈，永不放棄，照亮自己，也照亮他人。保持求知慾和好奇心，猶如點燃的長明燈，可以提供強大的、源源不絕的動力，就能不斷接受新鮮事物，更新自己。沒有進取心，如同熄滅了長明燈，形似枯木，不是缺乏思想，就是缺乏行動，註定只會走向失敗。

培養一種高雅興趣

智者曾經向人們提出過這樣一個問題：「人生在世，最難忍受的是什麼？」有人回答「欺騙」，有人回答「失敗」，有人回答「貧窮」，還有人回答「疾病」。但是智者全部否定了，他告訴人們，最難忍受的是「無聊」。

無聊是人生的地獄。假設妳沒有工作，沒有任何事可做，哪怕眼前堆滿金山銀山、山珍海味，又有何意義？豪門怨婦，哪一個不是這樣的典型代表？追蹤她們的痛苦，恐怕「無聊」二字難脫關係。無聊，說到底是一種感覺，這與情緒有關，由於無所事事，不清楚自己的需求和願望，找不到生活的目標和意義，就會深陷「無聊」的深淵之中。

無聊感來自空虛，是一種無法從生活中獲得充實感和價值感的心理狀態。偶爾的無聊感，不太可怕，但是常常出現這種感覺，就是失常的前兆。她們表現爲生活懶散、蓬頭垢面、懶得理人、坐立不安。由此可派生出無助感，覺得自己孤立無援，苦悶鬱積，無人傾聽自己的訴說，時時陷入絕望之中。可見，「無聊」不是一個簡單的辭彙，無聊感會將女人逼上怨婦之路。

別讓自己無聊，是女人一生最大的幸運。

即使有人陪伴，女人也會寂寞。所以，找點事做，或者及早培養興趣，諸如種花養魚、運動健體，這些愛好會滋養女人的心靈，苦點、累點、窮點，都無所謂。

妻子生完孩子後，每天陪著孩子吃得好、睡得飽。產假休完，回到公司的第一天，猛然發現自己的身體已不再年輕，運動起來困難，外人也對她投以異樣目光。

她聽從老公的建議，選擇了網球運動。每週打一兩次，每次一兩個小時。很快，她找到了年輕的感覺，還發動五十歲的母親、八十歲的外婆一起參與運動中。母親選擇了慢跑，外婆選擇了騎單車。祖孫三代在運動中其樂融融，比以前多了很多快樂和健康。

找一項自己感興趣的運動並堅持，會帶來數不清的好處，除了維持身體健康外，還能讓妳找回自信，交到熱愛運動的朋友，在人際交往時有了更多有意義的話題。

運動之外，女人可以培養的興趣還有很多。讀書、書法、彈琴、編織、下棋、養花、插花……種種興趣不一而足，只要喜歡、只要願意，都可以付諸行動。

興趣不僅可以打發無聊的時光，還會充實女人的生活，也會給她們充電，給她們帶來很多驚喜。女人如果不想做花瓶，不想做瓷器，不想做黃臉婆，就請培養自己的興趣。除了自己，誰也不能保障妳的天空永遠蔚藍。

多讀書，滋潤乾涸的心靈；多聽音樂，豐富枯燥的情趣；暢遊網路，接受新鮮的資訊；多運動，保養自己的身體健康；養花種卉，美化自己的家園；下棋練字，磨練自己的心性……有意義的事情很多很多，只要去做，就會變得充實而自信。

在美國芝加哥市的西北角，有一個名叫羅愛德的小鎮。前不久該鎮的教育機構爲鎮裡一位女教師舉辦了一次攝影展覽，展出的都是該教師以女兒爲主角的生活照片。出人意料的是，從美國各地來了兩千八百多位記者，打破了美國個人攝影展採訪記者人數的歷史紀錄。

這位女教師叫露依絲，今年四十五歲，自一九九一年起一直在當地小學任教。她生活很一般，與眾不同的是，她堅持每天給女兒珍妮照一張相，從女兒出生到二十歲，足足照了二十年，照了七千三百多張。她把這項活動稱爲：女兒每天都是新的。展覽館共有八層展廳，平心而論，這些照片本身都沒有什麼高超之處，從拍攝技術到畫面內容，都很是平凡，甚至有千篇一律之嫌。然而，就是這些平凡的照片轟動了整個美國，揚名於世界，因爲它表現了露依絲對女兒珍妮永恆的愛。露依絲也因此被評爲優秀教師。

偉大來自持之以恆的興趣。有了興趣，才有了堅持下去的決心和勇氣。

不能每天無所事事。容顏易老，青春易逝，花一樣的容貌也會老去，神仙姐姐的長生不老術只是傳說。花瓶一樣的嬌柔十分脆弱；瓷器一樣的尊貴更易損毀。所以，不如及早做一隻不知疲倦的蜜蜂，讓有意義的事情陪伴自己，棲息在心靈的家園。

蘇菲亞．羅蘭告訴女人們：「美麗使女人引起別人的注意，睿智使女人得到別人的賞識，而魅力卻使妳難以被人忘懷。」

做一個魅力女人，就要學會用高雅興趣怡情、養性、益智。興趣的作用潛移默化，深入骨髓。

所以，女人培養興趣之前，一定要有雙慧眼，區分哪些是高雅的，哪些是低級趣味。有些女人因爲無聊迷上麻將，愛上酒吧，結果越陷越深，不能自拔，反受其害。

「智勇多困於所溺」，「溺」就是過度沉湎某種嗜好，誤事傷身。

只有高雅興趣，只有把握適當，才會消退痛苦和無聊。女人，應該記住，無聊極富生命力，不要指望在酒精裡把它溺死，因爲它有可能學會游泳。

無聊感會將女人逼上怨婦之路。別讓自己無聊，是女人一生最大的幸運。做一個魅力女人，就要學會用高雅興趣怡情、養性、益智。興趣的作用潛移默化，深入骨髓。所以，女人培養興趣之前，一定要有雙慧眼，區分哪些是高雅的，哪些是低級趣味。

安於年齡，但不要安於現狀

「爲什麼成年男子一般看起來比成年女子年輕？因爲自稱三十歲的女子，通常已經四十歲了。」這是畢卡索的發現，女人們聽了也許會會心一笑，過了三十歲，哪個女人還能坦率地說出自己的眞實年齡？所以，畢卡索的發現無疑是女人世界的一條眞理。

怕老，是女人的通病。少說幾歲，暫時滿足一下虛榮心，也是好的。可是，歲月無情，哪怕妳把40歲說成20歲，也難掩眼角魚尾，也不可能回到年輕時光。

怕老，倒不如坦然地接受現實。年齡是無法退回去的，多大了就是多大，與其煞費苦心地掩蓋年齡，還不如安於年齡。

安於年齡，並非就是安於現狀。安於年齡，會讓人不再憂心忡忡，是成熟的表現；安於現狀，卻讓人喪失追求的勇氣和進步的動力，是消極的表現。

舒曼玉從小喜歡寫作，很有天賦，曾經發誓將來做一名作家。二十年過去了，老同學聚會時，一位從沒與她聯繫過的同學忽然問她這些年成就如何。她一臉無奈，嘆口氣說：「前些年忙於生活，顧不得夢想；這幾年孩子大了，有時間了，可是想想自己年紀也大了。現在文壇新人輩出，要想實現夢想，挑戰太大了。」

像這樣的女人在我們身邊數不勝數。年紀大了，不能再夢想，應該腳踏實地過日子。這一想法固然可取，但是年齡與追求並不是互相矛盾的，年輕時有夢想有追求，年齡大了，照樣可以有突破有成就。

多少大器晚成的例子，多少老來圓夢的故事。女人，年輕時顧家顧孩子，花費了大量時間和心血；等到孩子成人，有了足夠的時間可以去做自己想做的事，爲什麼不去做呢？四十歲也好，五十歲也好，只要懷著一顆積極向上的心，就不會被年齡所困，就有可能突破現狀，過著更幸福的生活。

有位花樣滑冰選手一心想奪冠。可是最後一輪時，她的排名僅在第三。面對這種局勢，她有兩種選擇，一是沉穩，盡量穩妥地做好接下來的每個動作，確保少出差錯，爭取穩中取勝。退一步講，即便不能奪冠，也有可能獲得獎牌。二是突破，大膽地選擇高難度動作，向對手和自我挑戰，爭取險中取勝。這樣做的結果，有可能會失敗，而且輸得很難看。

她選擇了後者，在四分鐘的長曲中，結合最高難度的三周跳，並且還大膽地連跳了兩次。她戰勝了自我，擊敗了對手，獲得夢寐以求的冠軍。比賽結束，記者立即圍上來採訪女選手，女選手表示：「我不想等到失敗，才後悔自己還有潛力沒有發揮出來。」

不要等到老得不能動了時，才後悔還有些潛力沒有發揮出來。爲夢想奮戰，是任何年齡的女人都該做的事。還有些女人在四十歲之後，遇到了新的問題：做了二十年工作，對自己的業務已經相當熟練，腦袋裡幾乎無法裝下什麼新事物，也失去了從工作中獲取挑戰或滿足的興趣。一句話，她們喪失了進取心，滿足於維持現狀。

《窮爸爸富爸爸》中曾經講過一個故事：一個著名的籃球明星，後來他們的球隊解散了，爲了生存，他來到一家洗車場打工。老闆要求他摘下手上的冠軍戒指，以免在洗車的過程中將客户的車劃傷，可是他不同意，他說：「這是我曾經獲得的輝煌，我要記住這段輝煌，永遠也不能摘下來。」無奈，洗車場只好解雇了他。

曾經的籃球明星，今日的洗車工人，由於不能正確地對待工作的變化，沒有歸零心態，過分看中曾經的成功，導致今日的失敗。沉迷於以往的成就，就會目光短淺，安於現狀，故步自封，坐失良機，再也不會進步。著名的空杯理論告訴我們：倒空杯子裡的水，當遇到新的挑戰、新的機會、新的工作時，可以容下它們，實現新的自我。如何倒空杯子裡的水？需要不斷清洗自己的大腦和心靈。「苟日新，日日新，又日新。」把自己想像成一個「空杯子」，才可能裝下更多更新的東西。

女王攻略

安於年齡，並非就是安於現狀。安於年齡，會讓人不再憂心忡忡，是成熟的表現；安於現狀，卻讓人喪失追求的勇氣和進步的動力，是消極的表現。四十歲也好，五十歲也好，只要懷著一顆積極向上的心，就不會被年齡所困，就有可能突破現狀，過著更幸福的生活。

第九章

Chapter 9

怨婦活得很累，女王活得漂亮

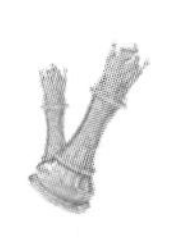

一個善解人意的女人，抵得過一百個多愁善感的女人

梧桐更兼細雨，到黃昏，點點滴滴，這次第，怎一個愁字了得！

多少女人喜歡李清照的這首《聲聲慢》，就有多少女人有著化不開的幽怨性格。愁緒如絲如雨，抹不掉，揮不去，眞是纏人！

長久以來，多愁善感似乎是女人的一種嚮往，如林黛玉般，落花流淚，迎風傷心，該是怎樣的嬌弱形象，該是怎樣牽動男人的心腸。

從這點講，多愁善感就是女人的一種手段，爲了俘獲男人的心。所以，才有了唐朝陸龜蒙的詩詞：「多情善感自難忘，只有風流共古長。」

確實，如果沒有男人，女人又何必「愁」，又有何「感」？

也許女人會大呼：「這樣說太片面了！」她們的多愁善感，不僅是爲了愛情，還有其他因素。一點沒錯，多愁善感的女人可能見到落葉會惆悵，看了肥皀劇也流淚，想到非洲饑餓兒童也悲傷。總而言之，敏感而脆弱的她們有更多心事，有更多擔憂，有更多不滿，也就有更多幽怨。

多愁善感究竟是好是壞？從個人角度看，這基本上是一種負面情緒，不管爲了什麼而愁而感，說明她內心消極，心胸比較狹窄，容易因爲身邊瑣事而丟失大局觀。毫無疑問，這種女人不會快樂，不懂得追求快樂，身體也不會好到哪裡去。

從人際關係講，一個多愁善感的女人，身體和心理素質都較差，很難與人相處。哪怕親人朋友與她在一起，也必須心胸特別寬廣，處處讓著她，照顧她的小性子。

趙國雄怎麼也想不明白，一個人婚前婚後怎麼會變化這麼大？

趙國雄當初認識白丁香的時候，第一眼就被她那憂鬱的氣質吸引，安安靜靜的，可能因爲有點近視，眼神迷離而憂傷，戴望舒的《雨巷》好像專門爲她寫的，人如其名，人如其詩。

順理成章的相戀結婚，趙國雄像呵護花兒一樣呵護著白丁香，可是白丁香那憂鬱的眼神卻越來越憂傷，一有不如意，眼淚便掉下來。趙國雄是個愛玩的人，婚前沒事就呼朋喚友出去瘋玩，打牌喝酒或者爬山。婚後，下班了只能待在家裡陪白丁香，偶爾出去玩一次，總不能玩的盡興，電話會一個接一個的打來，自己接還不行，還得朋友接了解釋明白在幹什麼才行，搞得他很沒面子。

回家還要承受老婆無休止的盤問抱怨，態度稍微不端正，哀怨的眼神便望過來，泛起水霧，然後大雨傾盆，好像自己犯了滔天大罪一樣。晚上別想進臥室，幾天也別想看見好臉色，隔著門，隱約聽見老婆在臥室邊給知己打電話傾訴邊抽泣，趙國雄感覺頭皮一陣陣發麻。

漸漸的，趙國雄喜歡加班，跟朋友一起放鬆的時候，也打電話報告說加班，被白丁香發現過一次，結果可想而知，自己的處境更加惡劣，幾乎全世界都知道他對老婆不好。趙國雄再也不想回那個彌漫著怨氣的家，那個叫家的地方，成了兩個人的客棧。

再好的感情，也擱不住眼淚的浸泡。泡久了，感情就沖淡了。女人企圖以多愁善感俘獲男人，結果卻事與願違。男人與多愁善感的女人談談戀愛，享受一下情感還可以，可是與多愁善感的女人共度一生就難了。

女人多愁善感，會讓男人不知所措，繼而覺得自己很失敗。這個世上，男人可以失去一個美女，卻不願承認一次失敗。

女人都有不如意的時候，不想做怨婦，就拋棄多愁善感，做一個善解人意的女人。

對男人來說，一個理解自己、關心自己的善解人意的女人，抵得上一百個多愁善感的女人。看慣了風月情場上的風流美女，眞正讓男人傾心的永遠是和他站在同一片精神領地的女人。

胡先生的公司被其他公司併吞，事業陷入危機，他很沮喪，甚至自暴自棄。胡太太非但沒有責怪他，反而興奮地叫起來：「你不是一直想回到留學的地方拜訪老友嗎？現在正是機會。」胡先生一臉苦笑，是機會，可是事業怎麼辦，生活怎麼辦？

胡太太取出家裡的存摺說：「我們的錢財雖然有數，可是足夠我們生活所需了。這些年忙於事業，你很少有機會放鬆自己，相信這次外出旅遊會讓你放輕鬆。」

反正也是無事可做，胡先生聽從妻子的建議，一個人踏上去異國的飛機。在異國他鄉，旅遊了很多地方，拜訪了不少老友，他們聽了胡先生的奮鬥歷程，都鼓勵他再創建一家公司。胡先生的新公司誕生了，這家公司業務良好，時至今日，一直是同行業中的佼佼者。

每個成功的男人背後都有一個善解人意的妻子。有時候，男人會處於一種尷尬的境地，善解人意的女人會把他從這境地中解脫出來，恢復正常的心理和信心，而不是譴責和怪罪。

有時候，男人會失敗，善解人意的女人會給他體貼和安慰，而不是一副愁眉苦臉。妻子的理解是丈夫成功的助力，在他有所成就時，會記掛妳的好。

每個男人都有自己的隱私。善解人意的女人不會爲了好奇隨意窺探，不會對男人逼供。她們明白，每個人都可以有自己的秘密，他不想說的就讓他沉默吧。有些事情說出來，只會讓大家都很受傷。知道得越多往往會失去得更多，也許就在妳努力去探究以便滿足好奇心的時候，妳就挖下了給自己的陷阱，很多時候的結果都是萬劫不復。

女王攻略

一個多愁善感的女人，身體和心理素質都較差，很難與人相處。對男人來說，一個理解自己、關心自己的善解人意的女人，抵得上一百個多愁善感的女人。看慣了風月情場上的風流美女，真正讓男人傾心的永遠是和他站在同一片精神領地的女人。

怨婦總是學不會不在乎

總結女人爲什麼多愁傷感，幽怨成性，會發現她們總是擔心太多，放不下，太多人太多事讓她們無法釋懷，無法輕鬆。沒有工作時盼著上班，上班後與人搞不好關係，有了朋友害怕背叛，沒有朋友擔心自閉。在乎太多，計較太多，拿不起，放不下，這種女人活得很累。

千般苦，萬般難，都是源於「在乎」二字。

離婚後，女人見人還會訴說前夫的「壞」：不顧家、不管孩子、不疼人、不交錢、好色等等缺點說都說不完。數落前夫的女人，不如省點精力想想，是不是自己的怨氣是否太濃？前夫再壞，也不一定就要遺臭萬年，只是她們太「在乎」，離了婚，還離不開心。掙扎著走出了身體，卻留下了一顆心，在時間的長河裡慢慢煎熬。

人活在世上，最難做到的是不在乎。禪宗的六祖慧能在法性寺時，一天夜裡，陣風突起，幡旗飄動。兩個和尚在迴廊裡爭論，一個說：「是幡動了。」一個說：「幡不動，是風動了。」他們爭執不下，慧能說：「風沒動，幡也沒動，只是你們的心動了罷了。」同樣，離了婚，海闊天空彼此再不相關。過去的日子是痛苦也好，幸福也罷，都已隨著恩斷而義絕，不要再期盼，也不要再抱怨。關起自己的心門，從此後只在乎自己，在乎自己的未來。關上一扇門，才能爲未來開啓另一扇門。

由於學不會「不在乎」，太多女人在生活打擊面前常常一蹶不振，著名影星阮玲玉害怕「人言可畏」，在怨恨中結束了自己年輕的生命。流言蜚語，從此成了一把殺人的利器。

其實，何必如此在乎。不妨臉皮厚一些，神經大條一些。只要妳不在乎，只要妳想得開，再難聽的緋聞也傷不了人心，再痛苦的日子也有過去時。俗話說：沒有過不去的，只要妳心胸足夠開闊，照樣活得有聲有色。

看看歌手王菲，隨便哼幾句歌、談談戀愛、寫寫部落格，都會讓億萬觀眾瞪大了眼睛，大書特書。曾經，她的愛情引來無數非議，可是她自顧自愛著，無怨無悔。她對待愛情掏心掏肺，不辯解，不怨恨。別人怎麼想，怎麼看，與她無關。她更尊重自己內心的意願，至於人們的指指點點，愛來就來，愛去就去，她從來都是一副滿不在乎的樣子。他人不能改變她的任何決定，甚至她根本就沒有在意過。實事求是地做自己，不用委曲求全，不用顧慮周全，不用設計縝密，王菲，就這樣簡單地做著樂壇女王。

只要心不動，世間無事生。女人的生活比男人更複雜，成功也比男人更不易。沒有一顆不為所動的心，任何風吹草動，都會將妳擊碎。拿得起，是一種勇氣；放得下，則是一種智慧。不必在乎，即便「無處話淒涼」時，也懂得寵愛自己。

怨婦從來不會即時地「內在清掃」

美國心理學家艾馬爾曾做過一個有趣試驗。他把金屬管插進澄清透明的冰水裡，然後讓人們往裡吹氣，心平氣和的人，氣流平緩，氣泡緩緩冒出，冰水澄澈透明；悲傷痛苦的人，氣流沉滯，氣泡咕嘟咕嘟冒出，迅猛有力，冰水裡出現白色淺淡的沉澱物；懊惱悔恨的人，氣流急促，氣泡雜亂，大珠小珠混一團，水中的沉澱物顏色變深，如同乳白色的蛋清，絲絲縷縷；生氣發怒的人，氣流濁重，氣泡暴躁翻滾，如沸一般，冰水裡沉澱物變成紫色，稠結黏連。艾馬爾把這種紫色沉澱物提取出來，注射到大白鼠的腹腔內，導致大白鼠漸漸死亡。艾馬爾透過試驗證明，人的情緒變化影響著人的新陳代謝，從而產生一些有毒物質，毒害人的身體健康。

不一樣的情緒，帶來不一樣的結局。過重的負面情緒是一劑毒藥，可以毒殺生命。太在乎的女人，心裡存了太多負面情緒，積年累月，積少成多，這些東西就像定時炸彈，沒有妥善管理，總會有爆發的一天。

阿玫小時候家庭條件不太好，看見同學穿新衣服用新文具，總是羨慕的不得了，小小的心裡老是在想：爲什麼別人有的東西我沒有？爲什麼我會出生在一個貧困的家庭？爲什麼老天對我這麼不公平……

隨著年齡的增長，這種想法越來越強烈，身邊的同齡人多數都比她的生活過得好，工作比自己清閒，工作的公司福利又好。尤其是，各方面都不如她的女伴們嫁的老公都比她老公好，有的帥，有的會賺錢，有的有情調……再看看自己的老公，其貌不揚，薪水不高，缺乏情趣，對自己唯唯諾諾，窩囊的不行，男人哪有這樣的？眞不知道當初腦子怎麼短路嫁了他。

既有這種心態，日子過的當然不會快樂，跟家人、同事之間的關係也不太好。久而久之，一張臉老是垮著，看起來比同齡人要老幾歲，就連孩子看見她也會噤若寒蟬，家裡彌漫著陰冷的氣氛，猶如一潭死水。

一旦有了怨婦的心態，生活就處處都是怨氣。這種從小到大累積的怨氣，久而久之，就成了一個禍端，毒害無限。

現代女性面對家庭工作的雙重壓力，難免會有不如意，難免會有怨氣。這些都不可怕，怕的是有了怨氣不懂宣洩，窩在心裡，掛在嘴上，既讓自己生氣，又得罪人。一來二去，怨氣不但沒有消滅，反而與日俱增。

心情沮喪的時候，心裡不痛快的時候，不要總是跟自己過不去。記得即時「清掃」怨氣，別讓生活的忙碌和鬱悶消磨了美麗容顏。每天在忙碌的生活間歇中給自己留一小段時間，多給自己一些私人空間，妳不是神，允許自己不完美，不用期待每個人對妳的讚許，自然少了壓力上身的機會。

不少人非常羨慕阿菁，問她爲何總是神清氣爽，過得得心應手？阿菁笑著說：「這得歸功於我

每天做『內在清掃』，所以已經沒有什麼值得煩惱的事了。」

「內在清掃」開始於幾年前的一次搬家。搬家前，丈夫對阿菁說：「很多東西可能都用不到了，能放棄就放棄吧。」阿菁捨不得，她看看這望望那，覺得哪樣東西都愛不釋手。家裡的東西是她辛辛苦苦買來的，是她親手佈置好的，這些年，她與每樣家具都有了感情，怎麼說扔就扔呢？她不聽勸告，把各種各樣的家具、裝飾品以及用具統統搬到新家去。

可是到了新家她才發現，很多東西與新環境格格不入，甚至變成礙眼的累贅，連味道、風格都走樣了！阿菁恍然明白，該捨就得捨。

這件事對阿菁感觸很深，從此她養成一個習慣，每到週末，就把自己的辦公室徹底清理乾淨，連一張紙都不留。平常下班回到家，她會在梳妝台前花一點時間，反省一天中發生的事，順便計畫明天該做的事。她很喜歡這種向過去說拜拜的清掃方式，把前一天的自己做個了結，然後迎接一個全新的開始。她告訴自己：「一定要讓自己隨時放空，扔掉所有的不快與與煩惱，才會裝進成功與喜悅。」阿菁的生活發生了很大變化，事業越做越成功。這時很多人問她一個問題：「妳事業做得那麼好，要是在事業和家庭之間做一個選擇，妳會選擇哪一樣？」

她毫不考慮地回答：「除了家庭以外，我什麼都可以放棄。」

對她而言，「家」是最適合進行心靈大掃除的場所。她說：「找ＰＡＲＴＹ狂歡，到處找樂子，只會消耗精力，得不到充分休息，怎麼緩解壓力，怎麼會有好心情呢？」

「內在清掃」，給心靈騰出空間，才能時刻保持平和、明淨。心緒煩亂的時候很多，一味縱容這種情緒發展，勢必帶來更大污染。治理污染的措施是即時清理，學會即時自我調劑。不妨煮花茶喝或者做茶點吃，放一段柔情音樂，翻閱幾頁好書，然後睡個懶覺，豈不快哉。

偶爾唱歌給自己聽，好壞不重要，心情爽朗就可以。或者什麼都不要，只是讓自己靜靜地發呆，或者對窗外吹吹口哨，總之一切讓自己放鬆的方法都可一試。有時間的話，可以去學瑜伽或者跆拳道。前者能讓妳放鬆身心，後者可以防身。

不要爲了任何人任何事折磨自己。比如不吃飯、哭泣、自閉、抑鬱，這些都是傻瓜才做的事。當然，偶爾傻一下有必要，人生不必時時聰明。不要整天板著臉，故裝憂鬱，有趣的女人令人愉快。

做個睿智的女子，學會從容面對生活。折磨自己身心的事情不要做，在任何時候都不要自暴自棄。再鬱悶也不要去泡酒吧，更不要獨自喝悶酒。

一個孤獨的女子手握高腳杯或者抽菸，會更添寂寞感與優傷。孤單的時候可以找好朋友聊天、逛街、吃飯。不要讓孤寂淹沒自己。有固定的消遣場所，比如固定的咖啡館、書店。讓那個地方的服務生認識妳，這樣，妳會在孤單時有個溫暖的去處。

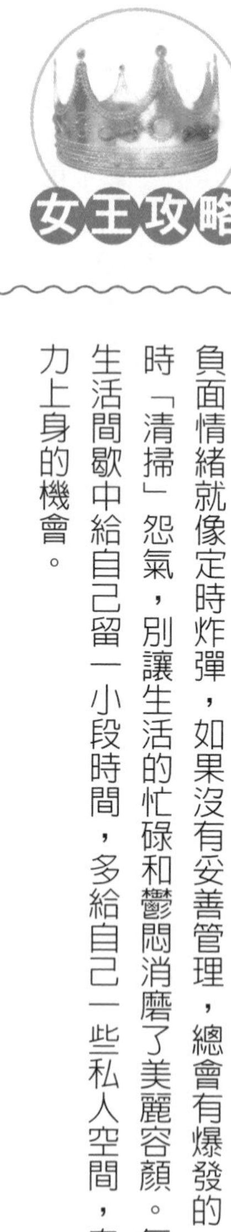

負面情緒就像定時炸彈，如果沒有妥善管理，總會有爆發的一天。記得即時「清掃」怨氣，別讓生活的忙碌和鬱悶消磨了美麗容顏。每天在忙碌的生活間歇中給自己留一小段時間，多給自己一些私人空間，自然會減少壓力上身的機會。

把微笑獻給曾經刁難自己的人

在飯店上班的女服務生辭職了，因爲上司看她不順眼，大事小情刁難她；嫁到婆家的女兒回了娘家，不願回去，因爲她覺得婆婆太苛刻，處處刁難她；做服裝生意的女老闆做不下去了，她說：「現在的客戶太難伺候了，就知道刁難人。」

誰也不願受刁難，女人更是受不了刁難。女人是感性的，情緒化也是女人經常有的自然反應。她臉上的表情，就是她內心情緒變化的晴雨表。所以，一遇到不如意的事，她們馬上表現爲不高興；一聽到風言風語，她們就會信以爲眞；一旦覺得他人刁難自己，她們就會非常氣憤，拒絕與人交往，拒絕繼續做下去。如果受了刁難就走人，結局只能是放棄再放棄，一路放棄下去，心情灰暗，人生無光。在職場打拼也好，在人際間遊走也好，刁難與被刁難總是不可避免的。老闆挑剔，同事嫉妒，親人不睦，朋友猜忌……各種各樣的刁難隨時發生，要想遊刃有餘地面對刁難，化解刁難，微笑是最有效的一種解圍術。

飯店門口的迎賓小姐一直微笑著，嘴裡說著「歡迎光臨」或「請慢走」之類的話。可能大家早就習慣了這樣的場景，大部分人對迎賓小姐的表現都很冷淡。忽然，一位四十歲左右的女士走過去，就在迎賓小姐禮貌性的微笑時，女士也回以微笑。這個淺淺的微笑顯然出乎迎賓小姐的意外，很快她由衷地笑了，笑容如此生動，如此親切。

著名人際關係家卡內基說過的一句話，爲人處世的一個重要原則和信條就是「給人眞心的微笑。」微笑，它不花費什麼，但卻創造了許多成果。它豐富了那些接受的人，而又不使給予的人變得貧瘠。

難免有誤解，難免有矛盾，眾多不如意的事情讓妳煩憂重重，如何才能笑得出口？其實，微笑的實質便是愛，愛自己，愛他人。懂得愛的人，一定不會是平庸的。她知道微笑能給人留下永久的記憶。微笑創造家庭快樂，建立人與人之間的好感。微笑是疲倦者的休息，沮喪者的白天，悲哀者的陽光，又是大自然的最佳良藥。所以，在受到別人的曲解時，選擇微笑，通常會更有說服力；在面對不幸時，選擇微笑，通常會更有力量。抬起妳的頭來，注意四周，向人們微笑，妳就已經面向成功了。

美國前總統柯林頓的妻子希拉蕊寫了本自傳，打算出版發行。一位脫口秀主持人嘲諷她說：「不可能賣得好，我敢打賭，如果超過一百萬本，我把鞋子吃下去。」上天偏偏喜歡捉弄把話說絕的人，希拉蕊的自傳出版後，沒過幾個星期就銷售了一百萬本！

主持人十分尷尬。希拉蕊會怎麼懲罰這位刁難過自己的人呢？她微笑著給他送出了一雙特定的鞋子，要求他兌現自己的誓言。主持人拿到鞋子後，毫不猶豫地吞吃了下去。原來，這款鞋子的質地不同尋常，這是希拉蕊訂作的鞋子形狀的蛋糕，味道棒極了。

惡傳染惡，善傳染善，生活中的妳是否也曾從別人的微笑中感受到尊重、肯定、接納、關懷、友善，又是否將這種溫暖傳遞下去呢？不要吝惜妳的微笑，因爲，也許不經意間妳已掃除對方心中的陰霾；不要吝惜妳的微笑，因爲，消除人與人之間的隔膜，也許就只一個微笑那麼簡單。

其實，靜涵早就知道自己老公外面有個小情人，年輕漂亮，大學畢業沒多久，比他們的女兒大不了多少。剛知道時，心裡的感覺就像被人捅了一刀，疼的要死，卻不願相信。

想起兩人一起走過的歲月，苦的時候，冰冷的木板床卻讓他們相擁得更緊。後來日子慢慢的好起來，老公的生意越做越大，自己專心在家相夫教子。雖然有錢了，但是兩個人還是保持著那些老習慣，早上必須喝粥配小菜，晚上靜涵做老公愛吃的飯，一家人圍著桌子邊吃飯邊閒聊。平時穿的內衣睡衣都是純棉的，貼身保暖又舒服。

痛定思痛之後，靜涵收起那些日常用品，上街採購了一些時尚的物品，把家裡裝飾大變。清早老公起床，發現餐桌上的早餐變成了牛奶麵包和半生不熟的煎蛋，吃得半飽不飽的就去了公司。晚上回到家，靜涵一如往常的遞上拖鞋，是那種鞋底硬硬的流行的板拖。晚飯還是西餐，飯後的茶換成了咖啡。洗完澡後，靜涵又遞上絲綢睡衣，老公皺了皺眉沒說什麼。一連幾天都是如此，老公終於忍不住，剛要發作，靜涵笑了：「怎麼？不習慣？久了就習慣了，這些新生事物，你不是早晚得適應嗎？」

老公若有所思的看了看靜涵，明白妻子已經洞悉一切，以最快的速度結束了跟情人的關係。加糖的飲料再怎麼好喝，也不如白開水泡的茶解渴，有些東西是根本無法替代的。

不想做怨婦的人，就不要見誰都和別人抱怨訴苦。

剛開始說會博得別人的同情，再說幾遍人家就麻木了，到最後別人就會煩到躲著走。給別人傳染了負面情緒，卻一點也解決不了自己的困苦。其實幸福不是他人隨便剝奪的，只在妳是不是懂得微笑。

只要微笑，再大的困苦也有過去的時候。

世界是一面鏡子，所有女人都可以在裡面留下最美的表情——微笑，再精緻的妝容也比不上健康純真的微笑。

誰也不願受刁難，女人更是受不了刁難。化解刁難，微笑是最有效的一種解圍術。在受到別人的曲解時，選擇微笑，通常會更有說服力；在面對不幸時，選擇微笑，通常會更有力量。消除人與人之間的隔膜，也許就只一個微笑那麼簡單。

不為活給別人看

經常聽到女人哭訴：「我那麼優秀那麼努力，嫁他時他一無所有，陪伴他這麼多年，幫他打拼事業，他竟然愛上了別人！那個女人什麼都不是，連個像樣的工作都沒有，眞是要氣死我了！」

這些女人說得沒錯，她們確實足夠好，足夠用心，可是男人爲何愛上了別的女人？恐怕原因在於她們太自以爲是，她們的生活不是爲了自己，而是爲了給別人看。爲了超越別人，她們加班顧不上家庭；爲了出人頭地，她們指手劃腳地安排老公孩子做這做那；人前人後，她們事事爭第一、處處搶風頭，結果害了自己，也累了身邊的人。和自己過不去的女人，生活註定沉重。活給別人看的女人，註定遠離幸福。米蘭．昆德拉有本書叫《生活在別處》，指出人活在世，總是追求自己無法擁有的東西，從而造成諸多不快和煩惱。其實女人大可不必如此，如果妳不給自己煩惱，別人也永遠不可能給妳煩惱。

文靜是個年輕漂亮的女員工，平日裡說話聲音不高，工作也不緊不慢，業績說不上突出，但也挑不出毛病。她與同事們相處融洽，既不嫉妒別人，也從不瞧不起犯錯誤的人。從早到晚，她都是一副波瀾不驚的神情和處世風格，在競爭激烈的職場十分罕見。

一次，公司老闆偶然與她坐在一起，不僅好奇地問：「妳很聰慧，在我看來，妳應該活得更精彩一些，爲什麼不去做呢？」

文靜微笑，對老闆講起自己的一段故事。她小時候身體不好，但她十分好強，每科功課不夠理想時都會深深自責，結果她的身體越來越差。

父親不想看著她如此折磨自己，就對她說：「孩子，憑妳的條件，不用去追求優秀，但我相信妳一定可以做到良好。」她聽了這話，很受啓發，從此她明白了一個道理，活著是爲了自己，而不是活給別人看，所以不要和自己過不去，不管優秀還是良好，只有活得開心才是最好的。

之後她再也不苛求自己，每天輕鬆地上學，身體逐漸恢復了健康。再之後她考上了一所普通大學，找到一份普通的工作，選擇一位普通男人，過著平淡卻幸福的生活。

老闆聽了她的故事，還是有些不忍地說：「可是妳不羨慕那些成功人士的生活嗎？妳不怕別人說妳沒有理想沒有追求嗎？」

文靜依然燦爛地笑著：「不，人活著如果是爲了給別人看，那完全是和自己過不去，不會快樂。這和理想追求沒什麼關係。」

女人應該記住，只要對自己滿意了，內心才是幸福的。不要管別人怎麼看妳，自己的內心，只有自己說了算。活著就是爲了充實自己，而不是爲了迎合別人的旨意。沒有自我的人，總在考慮別人的看法，所以活得很累。人生一世，少不了是是非非，你長我短，只要聽覺視覺沒有障礙，再不刻意要求自己，捲入漩渦的機率就會很大，被弄得頭暈眼花、心亂如麻也就在所難免。人要是沒了主見，經不起議論，則會一事無成。要想活得不累，活得瀟灑自如，就要主宰自己，不再爲「他言他語」所累。

女星桂綸鎂出道後，以其安靜的堅持個性爲人熟知。當她與大她十八歲的戴立忍相戀後，引來媒體一片唱衰聲。但她不爲所動，說：「我並不貪圖一時之歡，我的戀愛觀是希望每次交往都能走得長遠。」她從不是小鳥依人型的女生，不會每件事都聽別人的，只要自己堅持的，就會一門心思走到底。指責、批判、嘲笑，對她毫無意義，因爲她不是活給那些人看的。

桂綸鎂執著、無所畏懼的氣質，吸引了眾多粉絲。網路上曾經有個專門討論她的主題，人們的一致意見是：不一定夠時髦，不一定夠漂亮，不一定夠才氣，但是當她站出來時，那種安靜地堅持的力量，讓人的目光不得不在她身上停留。

歌德說：「每個人都應該堅持走爲自己開闢的道路，不被流言所嚇倒，不受他人的觀點所牽制。」想讓人人都對自己滿意，這是不切實際的期望。

他人的看法也許有道理，但卻不完全，每個人都像一枚多稜鏡，角度不同，看到的結果不一樣。討好別人，或者向別人顯擺，只會讓自己背上沉重的包袱，還不如踏踏實實地做自己。

和自己過不去的女人，生活註定沉重。活給別人看的女人，註定遠離幸福。其實女人大可不必如此，如果妳不給自己煩惱，別人也永遠不可能給妳煩惱。只要對自己滿意了，內心才是幸福的。不要管別人怎麼看妳，自己的內心只有自己說了算。要想活得不累，活得瀟灑自如，就要主宰自己，不再為「他言他語」所累。

培養一份美麗的神秘感

美國影片《偷心》中有個鏡頭，也許很多女人記憶猶新。女主角問男主角爲何那麼瘋狂地愛著由茱莉亞．羅勃茲扮演的攝影師，並猜測說：「是因爲她成功了嗎？」男主角回答：「不，是因爲她不需要我。」

女人越不需要男人，越容易引起男人的好奇心。若即若離，讓他牽掛，他才會珍惜這段感情。

有位女士婚後二十年來，對付老公有一個絕招，每當老公不太在意她時，她就會獨自收拾行裝去旅行，臨走時扔下一句話：親愛的，我走了，至於是什麼原因，我想這是我的秘密。結果老公每次都極力挽留她，並想盡辦法請她回來。

像尋寶遊戲一樣，一下子得到寶藏的地點會不珍惜，曲徑通幽，在某種誘惑下前行會更有趣。沒有男人對如同一張白紙、毫無保留的女人感興趣，他們更喜歡那些「有故事可探究」的女人。她們往往更成熟，更有吸引力。所以，女性被一再告知：不要隨便洩露自己的隱私或者過去。爲什麼這樣做？女人總是認爲這樣會保護自己。確實，這可以發揮保護的作用，但同時還有一個重要意義：培養女性的神秘感。

男人總是對得不到的女人心存幻想，這是一條亙古不變的眞理。人際交往中，人們總是對頗具神秘感的女人懷著極強的探究慾望，她們就像一塊磁石，吸引著眾人的目光和心思。換句話說，神秘感是女王氣場的必備品之一。看看那些風采卓絕的女王，哪個不令人遐思萬千？所以遐思，是因爲高不可測的神秘。神秘，並不是有著多少隱私，而是流露出的一種讓人欲罷不能的氣質。比如溫柔的眼神會給人脈脈含情之感，冷漠的眼神會給人不可接近之感，熱烈的眼神會給人挑逗之感。不同的眼神傳達不同的感情，女性要想保持神秘感，就要經常變化眼神，不要一味脈脈含情，也不要一味拒人千里，時而熱情時而冷淡，兩者交互使用，牽動對方的心，自然給人神秘莫測之感。

對女人來說，「羞澀」二字不僅傳達嫵媚柔情的女性美，還會讓人想入非非，產生無限聯想。現代很多女性為了工作和生活，每日裡匆匆忙忙，大大咧咧，早已忘記「羞澀」二字。可是她們忘記了，羞澀是女性的秘密武器，適當地運用，總會給人留下神秘美好的印象。

猶抱琵琶半遮面，更是一種有效實用的神秘手段。斷臂維納斯的雕塑魅力無窮，是因為半裸的形象。任何時候都不要將自己一覽無遺地展示在大眾面前，適當的隱藏一些自身的東西，會開啓他人想像的閘門和探究的慾望。蘇菲亞．羅蘭曾經反對女演員拍攝裸照，她認為裸照減少了神秘元素，會降低表演的魅力。

一句話，女人永遠不要把自己的過去、隱私毫無保留地告訴任何人，只講七分，留下三分，讓對方去動心思，這樣會更吸引他，會使自己的魅力增值。除了保留之外，神秘感還來自不斷創新，女人經常變化自己的做事方法、舉止和說話習慣等，如同更換服飾一樣，不停更換自己的形象，比如在公司裡可以幹練精明，什麼工作都做得面面俱到；回到家裡就溫柔體貼，什麼事都徵求老公的意見，給他小鳥依人之感。不要只扮演一種角色，見機行事，時而如老師般諄諄善誘呵護，時而如同學般打鬧玩耍，時而如偶像般崇拜禮敬，想想看，這樣的女性顯得多麼神秘！

很多時候，披上一層神秘的外衣會給女人帶來意想不到的驚喜。

夫妻結婚好幾年了，關係趨於平淡。一天，妻子不在家時，老公收到一個寄給妻子的包裹，裡面是一隻精美的手鍊，還寫著一行表達愛意的文字。老公大驚，慌忙觀察妻子的舉止反應，看到她新燙了髮型，做了美容，越看越覺得不對勁，終於忍不住問：「是誰送妳手鍊？」妻子神秘答道：「一個朋友。」老公坐不住了，他開始更加關心妻子的一舉一動，一笑一顰，並試圖挽回妻子的心。夫妻兩人的關係很快恢復如新婚，老公十分得意。這天提前下班回家，輕輕推開家門時，聽到妻子正與女友通話：「一條神秘的手鍊幫我拉回了老公的心。」至此，他恍悟，原來那條手鍊是妻子設下的「圈套」。

一件神秘的手鍊，會改變一對夫妻的感情。女人，不妨多一些神秘的事物，給人多一些遐想的空間。一個人吃得過飽會厭食，而不會感激，將自己無所保留地坦露給別人，就會產生這種效果。

女人，想要成爲女王並不容易，獲得他人由衷欣賞，必須有自己拿手的絕活，拿得住人，才能拿得魅力滿場。

女王攻略

女人，越不需要男人，越容易引起男人的好奇心。對人若即若離，讓他牽掛，他才會珍惜這段感情。看看那些風采卓絕的女王，哪個不令人遐思萬千？所以遐思，是因為高不可測的神秘。神秘，並不是有著多少隱私，而是流露出的一種讓人欲罷不能的氣質。一句話，女人永遠不要把自己的過去、隱私毫無保留地告訴任何人，只講七分，留下三分，讓對方去動心思，這樣會更吸引他，會使自己的魅力增值。

後記：尋找女王的後花園

寬闊的場地，碧草鮮花，古樹灌木，小橋流水，漫步其間，心曠神怡——在每個女人心中，都曾想像過女王後花園的排場，都曾夢想擁有一座自己的後花園。

後花園，也許不需要多麼氣派，但是必須夠自己暢遊。

這就足夠難，沒有足夠的金錢，哪有能力壘砌一座後花園？

其實，後花園不見得只有英國女王擁有，也不見得擁有多大面積與財富。不管富有與貧窮，只要願意，每個女人都可以擁有女王的後花園。

在李梅珊四十歲的時候，老公準備帶她去威尼斯度假，慶祝她的四十歲生日。老公打算不帶孩子，租一間大廳舉辦一場化妝舞會，給李梅珊充分的驚喜。可是，當老公把計畫告訴她時，她並沒有想像中的開心，只是含糊其辭地答應一聲。

老公很納悶，難道她不喜歡這樣隆重又熱鬧的慶祝活動？有一天，恰好妹妹李嘉珊來訪，老公無意間聽到了她們姐妹的對話。

李嘉珊由衷地說：「多棒的計畫啊！」

「可是，」李梅珊聲音低沉地說：「我眞正想做的是，週末我自己出去。或者他們週末都出去，只留我自己待在家裡。我搞不清自己爲什麼這麼想，也不知道自己究竟想做什麼，但我覺得躺在床上看看書，也是很好的。」她徵詢李嘉珊的意見：「我要是把自己的想法告訴老公，他會不會很難過？」

李嘉珊表示不理解姐姐的想法。她說：「這件事還要一分爲二地來看。我想妳可能對自己的四十歲生日感覺不舒服，不想爲它唱歌跳舞地慶祝。或者妳想休息一陣子？」

李梅珊很認眞地想了想說：「如果按照老公的意思去做，我也不介意。可是我還是更希望能自己獨處幾天。」

獨處幾天，無論身處何地，都彷彿躲進了自己的後花園，隨意，徘徊，隱秘，忘我。這就是後花園給女王們帶來的快樂和享受。也許很奇怪，但是必不可少。缺了後花園的女人，註定難做女王。

俗話說，孤獨是一個人的骨頭。如何拯救自我，恢復信心？孤獨是療傷的良藥。獨自一個人過著一段毫無負罪感的時光，足可以讓脆弱的心靈得到調理和恢復，讓人生變得更有意思，更好經營，也更讓人羨慕。

不管婚姻多麼美妙，生活多麼幸福，久了，膩了，都會產生厭倦感，從而導致鬱鬱寡歡。實際上，這並不是感情的事，而是個人自身出現了危機。不要讓婚姻承擔危機，不要讓生活由此災難。

不需要任何理由，不需要任何手段，放下照顧家人的義務，放下工作中的煩惱，放下條條框框的束縛，沐浴在滿足、充實和自我之中，不再讓無能爲力纏繞自己，不再讓憂悶怨恨籠罩自己，不用裝出包容和充滿愛心的樣子。愛自己，盡享獨處的快樂，盡享後花園的美好片刻。站得穩，才會氣定神閒；有了自尊，才會獲得他人尊重。

一個能夠領略到獨處快樂的女人，必定是一個獨立的女人，一個有著非凡氣場的女人。她不會無休止地依賴男人，直到把男人累垮了還醒不過神來，還要抱怨男人對自己的關愛太少。在這個世上，沒有永遠的靠山，只有永遠的自己。

走進自己的後花園，享受獨處，是女王最隱秘的法寶。

國家圖書館出版品預行編目資料

30以後，妳要當怨婦還是女王？／江靜姝著.
－－第一版－－臺北市：宇河文化出版；
紅螞蟻圖書發行, 2012.6
面；　公分. －－（Wisdom books ;8）
ISBN 978-957-659-899-9（平裝）

1.自我肯定 2.生活指導 3.女性

177.2　　101009126

Wisdom books 08

30以後，妳要當怨婦還是女王？

作　　者／江靜姝
責任編輯／韓顯赫
美術構成／Chris' office
校　　對／楊安妮、賴依蓮、朱慧蒨
總 編 輯／何南輝
發 行 人／賴秀珍
榮譽總監／張錦基
出　　版／宇河文化版有限公司
發　　行／紅螞蟻圖書有限公司
地　　址／台北市內湖區舊宗路二段121巷28號4F
網　　站／www.e-redant.com
郵撥帳號／1604621-1　紅螞蟻圖書有限公司
電　　話／(02)2795-3656（代表號）
傳　　真／(02)2795-4100
登 記 證／局版北市業字第1446號
法律顧問／許晏賓律師
印 刷 廠／卡樂彩色製版印刷有限公司
出版日期／2012年6月　第一版第一刷

定價280元　港幣93元

ISBN 978-957-659-899-9　　Printed in Taiwan